中级财务会计实验教程

ZHONGJI
CAIWU KUAIJI
SHIYAN
JIAOCHENG

黄爱玲 主编
姚瑞马 杜燕 副主编

江苏大学出版社
JIANGSU UNIVERSITY PRESS
镇 江

图书在版编目(CIP)数据

中级财务会计实验教程 / 黄爱玲主编. —镇江：江苏大学出版社，2019.1(2023.8 重印)
ISBN 978-7-5684-1021-2

Ⅰ.①中… Ⅱ.①黄… Ⅲ.①财务会计—高等学校—教材 Ⅳ.①F234.4

中国版本图书馆 CIP 数据核字(2018)第 294341 号

中级财务会计实验教程

主　　编/黄爱玲
副 主 编/姚瑞马　杜　燕
责任编辑/李经晶
出版发行/江苏大学出版社
地　　址/江苏省镇江市京口区学府路 301 号(邮编：212013)
电　　话/0511-84446464(传真)
网　　址/http://press.ujs.edu.cn
排　　版/镇江文苑制版印刷有限责任公司
印　　刷/镇江文苑制版印刷有限责任公司
开　　本/787 mm×1 092 mm　1/16
印　　张/20
字　　数/400 千字
版　　次/2019 年 1 月第 1 版
印　　次/2023 年 8 月第 4 次印刷
书　　号/ISBN 978-7-5684-1021-2
定　　价/49.00 元

如有印装质量问题请与本社营销部联系(电话：0511-84440882)

前　言

中级财务会计是一门实务操作性非常强的课程。通过中级财务会计课程的学习，学生获得了会计理论知识，但不一定具有实际工作技能，与会计工作实际操作要求还存在很大差距。为加强学生实际操作能力的培养，使理论学习和实际应用密切结合，同时，为了培养学生分析问题、解决问题的能力，提高其综合业务素质，使学生毕业后能够很快适应工作的需要，我们特地编写了这本《中级财务会计实验教程》。

《中级财务会计实验教程》的主要特点：第一，以 2017 年以来财政部颁布的一系列会计准则，以及新实施的《中华人民共和国增值税暂行条例》等最新的会计、税收法规制度为依据编制，体现最新政策法规内容；第二，以实际单位现用的逼真的凭证资料为基础，使学生在尽可能短的时间内，通过训练全面了解会计业务，掌握会计账务处理及编制会计报表的技术能力；第三，结合财经类院校中级财务会计课程的教学进程，循序渐进，首先按章设计某一类专门业务的模拟实验，最后在报表部分再设计综合模拟实验，既能满足平时结合教学进度进行实验的需要，又能适应学期结束前集中综合实验，培养学生掌握整个会计核算程序的需求。

本书共分两个部分：第一部分为模拟实验介绍，使学生对模拟实验教程大纲、模拟实验基本程序及所模拟的企业有全面的了解；第二部分为模拟实验与参考答案，采用实际工作中完全仿真的发票、单据等模拟实验资料及各种费用分配汇总表等，为学生模拟实验提供原始材料，第二部分参考答案以二维码的形式放在书中，方便学生获取模拟练习中疑难问题的解答和核对。最后附件部分提供常用会计科目表、常用的记账凭证、账页格式、最新的报表格式等。

本书力求业务的全面性，同时为加强学生对实际会计业务中有关原始单据的理解，特别在分业务类型实验的部分增加了对原始资料的简要说明，以便于相互对照，顺利完成这套模拟实验。

《中级财务会计实验教程》理论和实践密切结合，有突出的实用性，不仅可作为会计、财务管理、审计等专业的中级财务会计课程学习后的模拟实验教材，还可以作为有志于从事会计工作的人员的岗前模拟实训，以及在岗会计人员的岗位培训教材。

本书由黄爱玲副教授、姚瑞马老师及海沃机械（中国）有限公司高级会计师杜燕共同编写，由黄爱玲老师负责全书写作大纲的拟定和最后的总纂工作。其具体分工如下：第一部分及第二部分的实验3至实验8及其答案由黄爱玲老师撰写；第二部分的实验1至实验2及其答案由杜燕高级会计师撰写；第二部分的实验9至实验12及其答案由姚瑞马老师撰写。

本教材由扬州大学出版基金资助，在编写过程中得到了扬州弘瑞会计师事务所陆梅华总经理，以及扬州大学商学院有关院领导、会计及财务管理专业同仁的大力支持，在此，对他们表示衷心的感谢。

由于时间仓促，加之水平有限，书中错误之处在所难免，敬请读者批评指正，以便下次修订时补充完善。

编　者

2018年10月

目录 Contents

本书参考答案和附录二请扫二维码

第一部分

中级财务会计模拟实验介绍

一、中级财务会计模拟实验教程大纲

(一) 实验课程性质与适用范围

中级财务会计模拟实验是专业课程“中级财务会计”的课程内实验。通过对本实验课程的学习,可促进学生巩固中级财务会计学的基本理论和掌握相关会计实务的基本技能。本教程适用于会计专业、财务管理专业、审计专业及其他相关财经类专业的实践教学环节。

(二) 实验教学目的

通过本实验课程的学习操作,学生能够系统、全面地掌握企业会计核算的基本程序和具体方法,加深对会计基本理论的理解,加强对会计基本方法和会计基本技能的掌握,使会计专业知识与会计实务有机地结合在一起。同时本实验课程的学习也为学生学习其他专业知识打下了坚实的基础。

(三) 实验总计划

实验总学时数:16 学时,均为必做实验。

实验项目及教学安排如下:

序号	实验项目名称	学时分配	每组人数	实验要求	实验类型
1	货币资金核算实验	1	1	必做	综合性
2	金融资产核算实验	2	1	必做	综合性
3	存货核算实验	2	1	必做	综合性
4	固定资产核算实验	2	1	必做	综合性
5	无形资产核算实验	1	1	必做	综合性
6	流动负债核算实验	1	1	必做	综合性
7	长期负债核算实验	1	1	必做	综合性
8	所有者权益核算实验	1	1	必做	综合性
9	收入核算实验	1	1	必做	综合性
10	费用核算实验	1	1	必做	综合性

续表

序号	实验项目名称	学时分配	每组人数	实验要求	实验类型
11	利润核算实验	1	1	必做	综合性
12	财务报告编制实验	2	1	必做	综合性
	合计	16			

（四）实验设备资料

需要一套至少可供一个自然班级使用的会计手工实验设备和相应的实验资料，包括桌椅、相关文具、回形针、铁夹、凭证装订设备及凭证、账页、报表等账册资料。

本实验教程需要的空白凭证资料如下：

（1）原始模拟资料（见各模拟实验的实验资料）；

（2）空白记账凭证300张；

（3）科目汇总表5张；

（4）三栏式总账一本（100页）；

（5）数量金额式账页4张；

（6）多栏式账页2张；三栏式明细账账页2张；

（7）资产负债表1张；

（8）利润表1张；

（9）现金流量表1张；

（10）库存现金日记账账页2张；

（11）银行存款日记账账页2张；

（12）记账凭证封面、封底及包角等装订凭证用材料。

上述空白凭证见本书的附件，读者进行模拟实验时，可根据需要复印指定份数的空白凭证表格完成实验，也可登录江苏大学出版社网站“图书资源下载”http://press. ujs. edu. cnNewsList. Asp?SortID = 64 下载打印。

二、中级财务会计模拟实验基本程序

（1）根据所给的模拟资料进行原始凭证的审核、分析。

（2）根据原始凭证或原始凭证汇总表编制记账凭证。

（3）根据记账凭证（或收款凭证、付款凭证）及所附原始凭证逐笔登记现金日记账、银行存款日记账。

（4）根据记账凭证和原始凭证及所附原始凭证汇总表逐笔登记明细分类账。

（5）根据记账凭证定期编制科目汇总表。

（6）根据科目汇总表定期登记总分类账。

（7）月终现金日记账、银行存款日记账余额和各种明细分类账的余额合计数分别与相应的总分类账户余额核对相符。

（8）月末，根据总分类账户和各明细分类账户的有关资料编制会计报表。

(9) 对会计凭证、会计账簿定期进行分类整理、装订。

(10) 填写实验报告。

由于每项业务内容围绕各自主题,业务范围并不全面,故各个实验相对独立,前后月份金额并不完全关联,每月业务独立进行核算。

三、模拟实验企业概况

1. 企业名称及简介

润扬机械股份有限公司是一家股份制企业,主要生产 A,B 两种产品,并兼营运输等业务。

开户银行:中国工商银行扬州市支行城东分理处

账号:1108020209007654321

纳税人识别号(社会信用代码):321812132062219T

地址:扬州市江洲路 101 号

电话:0514－87991530

2. 内部会计制度规定

(1) 流动资产核算

① 计提坏账准备采用"应收账款余额百分比法",计提比率为 10%。

② 材料核算采用计划成本和实际成本两种方法,其中甲、乙两种主要材料采用计划成本核算,甲材料计划成本每千克 20 元,乙材料计划成本每千克 30 元;周转材料采用实际成本法,其发出材料计价采用月末一次加权平均法,摊销方法采用一次摊销法。

(2) 固定资产核算

固定资产折旧采用年限平均法,其原值、净残值率参考实验资料。

(3) 费用及产成品核算

由于学生尚未学习成本会计,故本教程对成本计算仅做了简单处理,月终结转完工产品成本,其数额作为已知条件给出。

(4) 税金核算

① 本企业为增值税一般纳税人,税率 16%。

② 城市维护建设税税率 7%,教育费附加征收率 3%。

③ 企业所得税税率 25%。

3. 会计机构人员设置

单位法定代表人:王美林。

财务负责人:骆辉。

主办会计:张康。

材料、成本会计:姚远。

固定资产、往来账会计:罗静。

出纳会计:黄敏。

稽核:吴洁。

第二部分

模拟实验与参考答案

第二部分参考答案请扫二维码。

实验1　货币资金核算实验

一、实验目的

通过实验使学生了解货币资金核算程序,熟悉货币资金核算方法,重点掌握库存现金、银行存款总分类核算及日记账的登记方法。

二、实验程序和要求

1. 根据实验资料开设"库存现金""银行存款"日记账,并登记期初余额。
2. 根据原始凭证编制记账凭证。
3. 根据记账凭证及所附原始凭证逐笔登记"库存现金""银行存款"日记账。
4. 撰写实验报告。

三、实验资料

润扬机械股份有限公司2018年1月1日总账科目月初余额资料见表1-1。

表1-1　总账科目月初余额资料

总账科目	借方余额	贷方余额
库存现金	6 000.00	
银行存款	200 000.00	
其他货币资金	10 000.00	
应收账款	600 000.00	
其他应收款	5 000.00	
库存商品	20 000.00	
短期借款		50 000.00
应付账款		400 000.00
应交税费		10 000.00
实收资本		381 000.00

润扬机械股份有限公司 2018 年 1 月发生以下经济业务：

1. 1 月 1 日，从银行提取现金备用，见表 1-2。

表 1-2　现金支票存根

中国工商银行　（苏）

现金支票存根

NO. 01640501

科　　目 ________

对方科目 ________

出票日期 2018. 01. 01

收款人：	黄敏
金　额：	¥5000.00
用　途：	备用

单位主管 张康　会计 黄敏

2. 1 月 5 日，接受江苏金陵有限责任公司投入资本，存入银行，见表 1-3、表 1-4。

表 1-3　出资证明

出资证明

润扬机械股份有限公司因经营需要追加资本 200 万元，扬州市工商局已于 2018 年 1 月 1 日核准（工商管字第 100 号）。

根据汇诚会计师事务所方明 2018 年 1 月 3 日签署的（汇会所）字第 16 号验资报告，江苏金陵有限责任公司应依照合同一次缴付增加的注册资本人民币贰佰万元整（¥2 000 000.00），截至 2018 年 1 月 4 日已全部缴足，出资方式为货币资金。

特此证明

此致

2018 年 1 月 4 日

江苏金陵有限责任公司　　润扬机械股份有限公司

投资方（盖章）　　受资方（盖章）

表 1-4　网上银行电子回单

中国工商银行　　网上银行电子回单

电子回单号码：0021-2860-3302-1200　　　　打印日期：2018 年 01 月 05 日

付款人	户　名	江苏金陵有限责任公司	收款人	户　名	润扬机械股份有限公司
	账　号	00381208010019		账　号	1108020209007654321
	开户银行	中国工商银行扬州市支行高桥分理处		开户银行	中国工商银行扬州市支行城东分理处
金　额		¥ 2,000,000.00	金额(大写)		贰佰万元整
摘　要		出资	业务(产品)种类		
用　途					
交易流水号		00000000	时间戳		2018-01-05-01.56.34
中国工商银行 电子回单 专用章	备注：				
	验证码：LIXJfPK/qu/eegkPwBqQWTfM7 + C =				
记账网点	00201	记账柜员	00002	记账日期	2018 年 01 月 05 日

重要提示：

1. 如果您是收款方，请到工行网站 www.icbc.com.cn 电子回单验证处进行回单验证。2. 本回单不作为收款方发货依据，并请勿重复记账。3. 您可以选择发送邮件，将此电子回单发送给指定的接收人。

3. 1 月 6 日，以现金支票购入办公用品，投入使用，见表 1-5、表 1-6。

表 1-5　网上银行电子回单

中国工商银行　　网上银行电子回单

电子回单号码：0021-2860-3302-1201　　　　打印日期：2018 年 01 月 06 日

付款人	户　名	润扬机械股份有限公司	收款人	户　名	扬州市商业大厦
	账　号	1108020209007654321		账　号	1108020209008943670
	开户银行	中国工商银行扬州市支行城东分理处		开户银行	中国工商银行扬州市支行文昌分理处
金　额		¥ 464.00	金额(大写)		肆佰陆拾肆元整
摘　要		购物	业务(产品)种类		
用　途		办公用品			
交易流水号		00000000	时间戳		2018-01-06-02.30.38
中国工商银行 电子回单 专用章	备注：				
	验证码：MLYQgpK/qu/eegkPwBqQWTfM9 + D =				
记账网点	00201	记账柜员	00002	记账日期	2018 年 01 月 06 日

重要提示：

1. 如果您是收款方，请到工行网站 www.icbc.com.cn 电子回单验证处进行回单验证。2. 本回单不作为收款方发货依据，并请勿重复记账。3. 您可以选择发送邮件，将此电子回单发送给指定的接收人。

表 1-6　江苏增值税专用发票

3200963256　　江苏增值税专用发票　　№ 07446123

（印章：全国统一发票监制章 江苏 国家税务局监制）

开票日期：2018 年 01 月 06 日

购买方	名　　称：润扬机械股份有限公司 纳税人识别号：321812132062219T 地 址 、电 话：扬州市江洲路 101 号　87991530 开户行及账号：市工行城东办 1108020209007654321				密码区		
货物或应税劳务名称　规格型号	单位	数量	单价	金额	税率	税额	
*纸制品*账册	册	40	10	400	16%	64	
合　计							
价格合计(大写)肆佰陆拾肆元整				(小写)￥464.00			
销售方	名　　称：扬州市商业大厦有限责任公司 纳税人识别号：321812132062358B 地 址 、电 话：扬州市汶河路 86537100 开户行及账号：市工行文昌办 1108020209008943670				备注	（印章：扬州商业大厦有限责任公司 456781089012348972 发票专用章）	

第三联　发票联

收款人：郝伟　　复核：王之　　开票人：刘瑾　　销售方：(章)

4. 1 月 8 日，从银行借入 6 个月短期借款，年利率 6%，存入银行，见表 1-7。

表 1-7　借款凭证

借款借据

单位编号：　　借款日期：2018 年 01 月 08 日　　借据编号：2234156

收款单位	名称	润扬机械股份有限公司	借款单位 名称	中国工商银行扬州市支行
	结算户账号	1108020209007654321	贷款户账号	3456987845654321
	开户银行	中国工商银行扬州市支行城东分理处	开户银行	城东分理处
借款金额	捌拾万元整		千百十万千百十元角分	￥ 8 0 0 0 0 0 0 0
借款原因及用途	流动资金借款		批准借款利率	月息　5‰

期次	计划还款日期	✓	计划还款金额
1	2018 年 07 月 08 日		￥ 824 000

借款期限

借款单位盖章

（印章：中国工商银行扬州市支行城东分理处 2018.01.08 转讫 (2)）

（印章：润扬机械股份有限公司 45678103456 财务专用章）

信贷员 张山　科(股)长 陆亮　(处)长 徐晶

5. 1 月 10 日，收到宏扬公司购货款存入银行，见表 1-8。

表 1-8　网上银行电子回单

中国工商银行　　网上银行电子回单

电子回单号码：0021-2860-3302-1202　　　　打印日期：2018 年 01 月 10 日

付款人	户　名	宏扬公司	收款人	户　名	润扬机械股份有限公司
	账　号	1108020541208010038		账　号	1108020209007654321
	开户银行	中国工商银行扬州市支行新城分理处		开户银行	中国工商银行扬州市支行城东分理处
金　额		￥600,000.00	金额(大写)		陆拾万元整
摘　要		购货款	业务(产品)种类		
用　途					
交易流水号		00000000	时间戳		2018-01-10-03.45.40
中国工商银行 电子回单 专用章		备注： 验证码：LIXJfPK/qu/ffgkVwAkQWTfM7 - B			
记账网点	00201	记账柜员	00002	记账日期	2018 年 01 月 05 日

重要提示：

1. 如果您是收款方，请到工行网站 www.icbc.com.cn 电子回单验证处进行回单验证。2. 本回单不作为收款方发货依据，并请勿重复记账。3. 您可以选择发送邮件，将此电子回单发送给指定的接收人。

6. 1 月 15 日，以银行存款偿还江阳公司货款，见表 1-9。

表 1-9　网上银行电子回单

中国工商银行　　网上银行电子回单

电子回单号码：0021-2860-3302-1203　　　　打印日期：2018 年 01 月 15 日

付款人	户　名	润扬机械股份有限公司	收款人	户　名	扬州市江阳有限责任公司
	账　号	1108020209007654321		账　号	1108020209816578341
	开户银行	中国工商银行扬州市支行城东分理处		开户银行	中国工商银行扬州市支行城北分理处
金　额		￥400,000.00	金额(大写)		肆拾万元整
摘　要		偿还货款	业务(产品)种类		
用　途					
交易流水号		00000000	时间戳		2018-01-15-08.34.20
中国工商银行 电子回单 专用章		备注： 验证码：AbCdEfXyGgHIJkT/dee/wU = XYz + Cdf			
记账网点	00201	记账柜员	00002	记账日期	2018 年 01 月 15 日

重要提示：

1. 如果您是收款方，请到工行网站 www.icbc.com.cn 电子回单验证处进行回单验证。2. 本回单不作为收款方发货依据，并请勿重复记账。3. 您可以选择发送邮件，将此电子回单发送给指定的接收人。

7. 1 月 18 日,以银行存款偿还短期借款,见表 1-10。

表 1-10　特种转账借方凭证

中国工商银行特种转账借方凭证

2018 年 01 月 18 日

付款人	全　称	润扬机械股份有限公司	收款人	全　称	中国工商银行扬州市支行城东分理处
	账号或地址	1108020209007654321		账号或地址	1108020209008382051
	开户银行	中国工商银行扬州市支行城东分理处		开户银行	本行

金额	亿	千	百	十	万	千	百	十	元	角	分
人民币(大写)贰拾万元整			¥	2	0	0	0	0	0	0	0

原凭证金额		赔偿金		科　　目(贷)________
原凭证名称		号码		对方科目(借)________
转账原因	偿还借款 期限 9 个月,利率 6%			事后监督 复核　　记账 王平

中国工商银行扬州市支行城东分理处 20180118 转讫 (2)

8. 1 月 22 日,黄平出差预借差旅费,以现金支付,见表 1-11。

表 1-11　借款凭证

润扬机械股份有限公司　借款凭证

2018 年 01 月 22 日　　　№:056981

借款部门	办公室	借款人	黄平
事　由	出差北京开会		
借款金额	人民币(大写):叁仟元整　　¥ 3 000.00		
领导审批	同意借款 刘华 2018.1.22	现金付讫	

9. 1 月 26 日,开出银行汇票申请书,申请银行汇票拟向上海光大公司购买甲材料,见表 1-12。

表 1-12　结算业务申请书

中国工商银行　　结算业务申请书　　苏　No. 00224567

业务种类：行内汇款☐　境内同业汇款☐　银行汇票☑　银行本票☐　　申请日期：2018 年 01 月 26 日

申请人	名称	润扬机械股份有限公司	收款人	名称	上海光大公司
	账号	1108020209007654321		账号	0009050590804563217
	联系电话	0514-87991530		联系电话	021-51345678
	身份证件类型		汇入行名称		上海市工行虹口支行
	身份证件号		汇入行地点		上海市虹口区市（县）

金额	人民币（大写）壹佰万元整	亿	千	百	十	万	千	百	十	元	角	分
			¥	1	0	0	0	0	0	0	0	0

扣账方式：转账☑　现金☐　其它☐	收费账号：
现金汇款请填写　国籍：　职业：	用途：
支付密码：	
附言	申请人签章：（润扬机械股份有限公司 45678103456 财务专用章）
核准：　　经办：黄敏	

（中国工商银行扬州市支行 2018.01.26 受理）

10. 1 月 30 日，向扬靖公司销售 A 产品，货款存入银行，见表 1-13、表 1-14、表 1-15（A 产品成本每件 80 元）。

表 1-13　江苏省增值税专用发票

3200963256　　**江苏增值税专用发票**　　№ 07446123

记 账 联

开票日期：2018年01月30日

购货单位	名　　称：扬靖公司 纳税人识别号：320054640801357C 地 址 、电 话：扬州市开发路 361 号 开户行及账号：市工行新城办 1108020209007456231			密码区			
货物或应税劳务名称	规格型号	单位	数量	单价	金额	税率	税额
*小型起重设备*A产品		件	60	100.00	6000.00	16%	960.00
合　计					¥6000.00		¥960.00
价税合计（大写）陆仟玖佰陆拾元整				（小写）¥6 960.00			
销货单位	名　　称：润扬机械股份有限公司 纳税人识别码：321812132062219T 地 址 、电 话：扬州市江州路101号　87991530 开户行及账号：市工行城东办 1108020209007654321			备注	（润扬机械股份有限公司 913210024567810890 发票专用章）		

第一联　记账联　销货方记账凭证

收款人：黄敏　　复核：吴洁　　开票人：罗静　　销售方：（章）

表 1-14　网上银行电子回单

中国工商银行　　网上银行电子回单

电子回单号码：0021-2860-3302-1208　　　　打印日期：2018 年 01 月 30 日

付款人	户　名	扬靖公司	收款人	户　名	润扬机械股份有限公司
	账　号	1108020209007456231		账　号	1108020209007654321
	开户银行	中国工商银行扬州市支行新城分理处		开户银行	中国工商银行扬州市支行城东分理处
金　额		¥ 6 960.00	金额(大写)		陆仟玖佰陆拾元整
摘　要		销货款	业务(产品)种类		
用　途					
交易流水号		00000000	时间戳		2018-01-30-08.40.20
中国工商银行 电子回单 专用章		备注：			
		验证码：AaBcDkKJPoRrSWTLmn/odt/xYy + z			
记账网点	00201	记账柜员	00002	记账日期	2018 年 01 月 30 日

重要提示：

1. 如果您是收款方，请到工行网站 www. icbc. com. cn 电子回单验证处进行回单验证。2. 本回单不作为收款方发货依据，并请勿重复记账。3. 您可以选择发送邮件，将此电子回单发送给指定的接收人。

表 1-15　产品出库单

产品出库单　　No 1001002

提货部门　销售部　　　　2018 年 01 月 30 日

产品			单位	数量	单价	成本总额								产品明细账		说明
编号	名称	规格				十	万	千	百	十	元	角	分	号	页	
	A产品		件	60	80			4	8	0	0	0	0			
	合计			60				4	8	0	0	0	0			

部门主管：　会计：　记账：　保管：刘　伟　提货人：王常富　制单：张一天

11. 1 月 31 日，编制本月损益类账户发生额汇总表（见表 1-16），并将损益类账户金额结转到本年利润账户。

表 1-16　损益类账户发生额汇总表

收入类账户	本月发生额	支出类账户	本月发生额
主营业务收入	6 000.00	管理费用	464.00
		主营业务成本	4 800.00
合计	6 000.00	合计	5 264.00

实验2　金融资产核算实验

一、实验目的

通过实验使学生了解金融资产核算程序，熟悉金融资产核算方法，重点掌握交易性金融资产、持有至到期投资的总分类核算方法。

二、实验程序和要求

1. 根据实验资料开设“应收票据”等明细账，并登记期初余额。

2. 根据原始凭证编制记账凭证。

3. 根据记账凭证及所附原始凭证逐笔登记“应收票据”等明细账。

4. 撰写实验报告。

三、实验资料

润扬机械股份有限公司2018年2月1日科目月初余额资料见表2-1。

表2-1　科目月初余额资料

科目名称	借方余额	贷方余额
库存现金	6 000.00	
银行存款	2 000 000.00	
其他货币资金	200 000.00	
应收票据——江宁公司	386 100.00	
交易性金融资产	100 000.00	
债权投资	300 000.00	

润扬机械股份有限公司2018年2月发生以下经济业务：

1. 2月1日，销售A商品给扬州汽车修理厂，收到一张5个月到期的银行承兑汇票，见表2-2、表2-3。

表 2-2　江苏省增值税专用发票

江苏增值税专用发票

记账联

No 07446154

3200963256

开票日期：2018年02月01日

购货单位	名　　　称：扬州市汽车修理厂 纳税人识别号：320054640802657P 地 址 、电 话：扬州市黄山路81号 开户行及账号：市工行黄山办 1108020209007635241					密码区		
货物或应税劳务名称	规格型号	单位	数量	单价	金额	税率	税额	
*小型起重设备*A产品		件	1 100	100.00	110 000.00	16%	17 600.00	
合　计					¥110 000.00		¥17 600.00	
价税合计(大写)壹拾贰万柒仟陆佰元整					(小写) ¥127 600.00			
销货单位	名　　　称：润扬机械股份有限公司 纳税人识别码：321812132062219T 地 址 、电 话：扬州市江州路101号　87991530 开户行及账号：市工行城东办　1108020209007654321					备注	润扬机械股份有限公司 913210024567810890 发票专用章	

第一联 记账联 销货方记账凭证

收款人：黄敏　　复核：吴洁　　开票人：罗静　　销售方：(章)

表 2-3　银行承兑汇票

电子银行承兑汇票 2

出票日期　2018-02-01　　票据状态

汇票到期日　2018-07-01　　票据号码　1301312006722　20180201　249285468

出票人	全称	扬州市汽车修理厂	收款人	全称	润扬机械股份有限公司
	账号	1108020209007978643		账号	1108020209007654321
	开户银行	交通银行扬州市广陵支行		开户银行	中国工商银行扬州市支行城东分理处
出票保证信息					
票据金额	人民币(大写)壹拾贰万柒仟陆佰元整			十亿千百十万千百十元角分	¥12760000
承兑人信息	全称	交通银行扬州市广陵支行	开户行行号	301312006722	
	账号	0	开户行名称	交通银行扬州市广陵支行	
交易合同号	28960	承兑信息	出票人承诺：本汇票请予以承兑，到期无条件付款		
能否转让	可转让		承兑人承兑：本汇票已经承兑，到期无条件付款 承兑日期：2018/02/01		
承兑保证信息					
评级信息(由出票人、承兑人自己记载，仅供参考)	出票人	评级主体：	信用等级：	评级到期日：	
	承兑人	评级主体：	信用等级：	评级到期日：	

查看票据背面信息

2. 2月4日,银行转账存出投资款,见表2-4、表2-5。

表2-4 网上银行电子回单

中国工商银行 网上银行电子回单

电子回单号码:0021-2860-3302-1211 打印日期:2018年02月04日

<table>
<tr><td rowspan="3">付款人</td><td>户 名</td><td>润扬机械股份有限公司</td><td rowspan="3">收款人</td><td>户 名</td><td>海通证券公司扬州市汶河营业部</td></tr>
<tr><td>账 号</td><td>1108020209007654321</td><td>账 号</td><td>1108020209081243567</td></tr>
<tr><td>开户银行</td><td>中国工商银行扬州市支行城东分理处</td><td>开户银行</td><td>中国工商银行扬州市支行文昌营业部</td></tr>
<tr><td colspan="2">金 额</td><td>¥ 100,000.00</td><td colspan="2">金额(大写)</td><td>拾万元整</td></tr>
<tr><td colspan="2">摘 要</td><td>存入投资款</td><td colspan="2">业务(产品)种类</td><td></td></tr>
<tr><td colspan="2">用 途</td><td colspan="4"></td></tr>
<tr><td colspan="2">交易流水号</td><td>00000000</td><td colspan="2">时间戳</td><td>2018-02-04-09.30.46</td></tr>
<tr><td colspan="2">中国工商银行
电子回单
专用章</td><td colspan="4">备注:

验证码:ZYxyww/efgK/jkopMnOKb + ab = CqS</td></tr>
<tr><td colspan="2">记账网点</td><td>00201 记账柜员 00002</td><td colspan="2">记账日期</td><td>2018年02月04日</td></tr>
</table>

重要提示:

1. 如果您是收款方,请到工行网站 www.icbc.com.cn 电子回单验证处进行回单验证。2. 本回单不作为收款方发货依据,并请勿重复记账。3. 您可以选择发送邮件,将此电子回单发送给指定的接收人。

表2-5 客户存款凭条

海通证券公司
汶河营业部客户存款凭条 【存款】

流水号:359 2018年02月04日

户 名:润扬机械股份有限公司	资金账号:32165987	委托人签名
存入金额:¥100 000.00	余 额:¥100 000.00	
上海账号:A600556567	深圳账号:	吴 明

操作号:731 复核员:丁 原

3. 2 月 5 日,一张银行承兑汇票到期,委托银行收回款项,见表 2-6 ~ 表 2-8。

表 2-6　托收凭证(受理回单)

托收凭证(受理回单)　1

委托日期 2018 年 02 月 05 日

业务类型	委托收款(□邮划、☑电划)　托收承付(□邮划、□电划)													
付款人 全称	江宁公司			收款人 全称	润扬机械股份有限公司									
付款人 账号	1108020209007362514			收款人 账号	1108020209007654321									
付款人 地址	江苏省扬州 市/县	开户行	工行扬州市支行	收款人 地址	江苏省扬州 市/县	开户行	工行扬州支行							
金额	人民币(大写) 叁拾捌万陆仟壹佰元整			亿	千	百	十	万	千	百	十	元	角	分
						¥	3	8	6	1	0	0	0	0
款项内容	货款	托收凭据名称	银行承兑汇票	附寄单据张数										
商品发运情况	已发			合同名称号码										
备注: 复核 吴洁 记账 姚远	款项收妥日期 2018 年 02 月 05 日			2018 年 02 月 05 日										

中国工商银行扬州市支行城东分理处 2018.02.05 受理 (2)

此联作收款人开户银行给收款人的受理回单

表 2-7　托收凭证(收款通知)

托收凭证(收款通知)　3

委托日期 2018 年 02 月 05 日

业务类型	委托收款(□邮划、☑电划)　托收承付(□邮划、□电划)													
付款人 全称	江宁公司			收款人 全称	润扬机械股份有限公司									
付款人 账号	1108020209007362514			收款人 账号	1108020209007654321									
付款人 地址	江苏省扬州 市/县	开户行	工行扬州市支行	收款人 地址	江苏省扬州 市/县	开户行	工行扬州市支行							
金额	人民币(大写) 叁拾捌万陆仟壹佰元整			亿	千	百	十	万	千	百	十	元	角	分
						¥	3	8	6	1	0	0	0	0
款项内容	货款	托收凭据名称	银行承兑汇票	附寄单据张数										
商品发运情况	已发			合同名称号码										
备注: 复核 吴洁 记账 姚远	款项收妥日期 2018 年 02 月 05 日			2018 年 02 月 05 日										

中国工商银行扬州市支行城东分理处 2018.02.05 转讫 (3)

此联作收款人开户银行给收款人的受理回单

表 2-8　银行承兑汇票

电子银行承兑汇票 2

出票日期：2017－08－05　　　　票据状态：

汇票到期日：2018－02－05　　　　票据号码：1301312005432　20170805　249281234

出票人	全称	江宁公司		收款人	全称	润扬机械股份有限公司											
	账号	1108020209007362514			账号	1108020209007654321											
	开户银行	工行扬州市支行			开户银行	中国工商银行扬州市支行城东分理处											
出票保证信息																	
票据金额		人民币（大写）叁拾捌万陆仟壹佰元整					十	亿	千	百	十	万	千	百	十	元	角	分
										¥	3	8	6	1	0	0	0	0
承兑人信息		全称	中国工商银行扬州市支行		开户行行号	301110123456											
		账号	0		开户行名称	中国工商银行扬州市支行											
交易合同号		00157		承兑信息	出票人承诺：本汇票请予以承兑，到期无条件付款												
能否转让		可转让			承兑人承兑：本汇票已经承兑，到期无条件付款 承兑日期：2017/08/05												
承兑保证信息																	
评级信息（由出票人、承兑人自己记载，仅供参考）		出票人			评级主体：	信用等级：				评级到期日：							
		承兑人			评级主体：	信用等级：				评级到期日：							

查看票据背面信息

4．2 月 6 日，购买股票 90 000 元，同时发生交易费用 366 元，企业作为交易性金融资产，见表 2-9。

表 2-9　成交过户交割凭单（买）

成交过户交割凭单

成交日期：2018 年 02 月 06 日　　　　买

股东编号：	A116529386	成交证券：	东风股份
电脑编号：	4477	成交数量：	30 000
公司代号：	059	成交价格：	3.00
申请编号：	789	成交金额：	90 000.00
申报时间：	10:10:19	标准佣金：	90.00
成交时间：	10:30:40	过户费用：	1.00
上次余额：	0（股）	印花税：	270.00
本次成交：	30 000（股）	应付金额：	90 366.00
本次余额：	30 000（股）	最终余额：	9 634.00
附加费用：	5.00	实付金额：	90 366.00

客户联

经办单位：海通证券汶河营业部　　　　客户签章：润扬机械股份有限公司

5. 2 月 18 日,银行转账存出投资款,见表 2-10、表 2-11。

表 2-10 网上银行电子回单

中国工商银行　　网上银行电子回单

电子回单号码:0021-2860-3302-1215　　　　打印日期:2018 年 2 月 18 日

付款人	户　名	润扬机械股份有限公司	收款人	户　名	海通证券公司扬州市汶河营业部
	账　号	1108020209007654321		账　号	1108020209081243567
	开户银行	中国工商银行扬州市支行城东分理处		开户银行	中国工商银行扬州市支行文昌营业部
金　额		¥ 1,500,000.00	金额(大写)		壹佰伍拾万元整
摘　要		存出投资款	业务(产品)种类		
用　途					
交易流水号		00000000	时间戳		2018-02-18-07.50.40
中国工商银行 电子回单 专用章		备注:			
		验证码:MmNoPQqRAqBc/ddee/fFfggSTt + P			
记账网点	00201	记账柜员	00002	记账日期	2018 年 02 月 18 日

重要提示:

1. 如果您是收款方,请到工行网站 www.icbc.com.cn 电子回单验证处进行回单验证。2. 本回单不作为收款方发货依据,并请勿重复记账。3. 您可以选择发送邮件,将此电子回单发送给指定的接收人。

表 2-11 客户存款凭条

海通证券公司
文昌营业部客户存款凭条　　【存款】

流水号:581　　　　2018 年 02 月 18 日

户　　名:润扬机械股份有限公司	资金账号:32165987	委托人签名
存入金额:¥1 500 000.00	余　　额:¥1 500 000.00	
上海账号:A600776567	深圳账号:	吴　明

操作号:805　　　　复核员:方　宇

6. 2 月 20 日，购买南方债券，作为债权投资，每份面值 100 元，见表 2-12。

表 2-12　成交过户交割凭单(买)

成交过户交割凭单

成交日期：2018 年 02 月 20 日　　　　买

股东编号：	A436912(存)	成交证券：	南方债券
电脑编号：	8565	成交数量：	4 000(份)
公司代号：	098	成交价格：	102.00
申请编号：	679	成交金额：	408 000.00
申报时间：	11:18:34	标准佣金：	1 000.00
成交时间：	11:36:20	过户费用：	0.00
上次余额：	0	印花税：	1 000.00
本次成交：	4 000(份)	应付金额：	410 000.00
本次余额：	4 000(份)	最终余额：	1 090 000.00
附加费用：	0.00	实付金额：	410 000.00

客户联

经办单位：海通证券文昌营业部　　　　客户签章：润扬机械股份有限公司

7. 2月28日，出售作为交易性金融资产的股票，其成本每股3元，未有公允价值变动，见表 2-13。

表 2-13　成交过户交割凭单(卖)

成交过户交割凭单

成交日期：2018 年 02 月 28 日　　　　卖

股东编号：	A116283968(取)	成交证券：	东风股份
电脑编号：	6699	成交数量：	20 000(股)
公司代号：	098	成交价格：	5.8
申请编号：	968	成交金额：	116 000.00
申报时间：	09:35:48	标准佣金：	116.00
成交时间：	10:46:58	过户费用：	1.00
上次余额：	30 000(股)	印花税：	348.00
本次成交：	20 000(股)	应收金额：	115 530.00
本次余额：	10 000(股)	最终余额：	125 164.00
附加费用：	5.00	实收金额：	115 530.00

客户联

经办单位：海通证券汶河营业部　　　　客户签章：润扬机械股份有限公司

8. 2月28日，编制本日损益类账户发生额汇总表（见表2-14），并将损益类账户金额结转到本年利润账户。

表2-14　损益类账户发生额汇总表

收入类账户	本月发生额	支出类账户	本月发生额
主营业务收入	110 000.00		
投资收益	55 164.00		
合计	165 164.00	合计	

实验3　存货核算实验

一、实验目的

通过实验使学生了解存货核算程序，熟悉存货核算方法，掌握原材料收入、发出、结存的计价方法和核算方法，重点掌握原材料按计划成本计价的核算方法。

二、实验程序和要求

1. 根据实验资料开设原材料“甲材料”“乙材料”等明细账，并登记期初余额。

2. 根据原始凭证编制记账凭证。

3. 根据记账凭证及所附原始凭证逐笔登记原材料“甲材料”“乙材料”等明细账。

4. 撰写实验报告。

三、实验资料

润扬机械股份有限公司2018年3月1日银行存款月初余额2 000 000.00元，其他有关科目月初余额资料见表3-1。

表3-1　有关科目月初余额资料

科目名称	摘　　要	借方余额	贷方余额
材料采购——甲材料			
原材料——甲材料	1 000千克，每千克计划单价20元	20 000.00	
——乙材料	2 000千克，每千克计划单价30元	60 000.00	
材料成本差异——甲材料		1 917.37	
——乙材料			1 753.73
银行存款		2 000 000.00	

润扬机械股份有限公司2018年3月发生以下经济业务：

1. 3月2日，从南京华夏公司购入甲材料，货款及由华厦公司代垫的运费均支付，3月3日，见表3-2～表3-4。

表 3-2　江苏省增值税专用发票

江苏增值税专用发票

发票联

3200963259　　　　　　　　　　№ 07446259

开票日期：2018年03月20日

购货单位	名　　　称：润扬机械股份有限公司 纳税人识别号：321812132062219T 地址、电话：扬州市江州路101号　87991530 开户行及账号：市工行城东办 1108020209007654321				密码区		
货物或应税劳务名称	规格型号	单位	数量	单价	金额	税率	税额
*金属制品*甲材料		kg	12 850	20.00	257 000.00	16%	41 120.00
合　计					¥257 000.00		¥41 120.00
价税合计（大写）	贰拾玖万捌仟壹佰贰拾元整				（小写）¥298 120.00		
销货单位	名　　　称：华夏公司 纳税人识别号：320600003142638A 地址　电话：南京市青年路118号　51429038 开户行及账号：市工行青年路支行　3608004298				备注	华夏公司 931110045678106630 发票专用章	

收款人：张玉英　　　复核：　　　开票人：杜煦　　　销售方：（章）

第三联　发票联　购货方记账凭证

表 3-3　网上银行电子回单

中国工商银行　　网上银行电子回单

电子回单号码：0021-2860-3302-1218　　　　打印日期：2018年03月02日

付款人	户　名	润扬机械股份有限公司	收款人 户　名	华夏公司
	账　号	1108020209007654321	账　号	1108013243608004298
	开户银行	中国工商银行扬州市支行城东分理处	开户银行	中国工商银行南京市支行青年路分理处
金　额		¥ 298 640.00	金额（大写）	贰拾玖万捌仟陆佰肆拾元整
摘　要		购甲材料	业务（产品）种类	
用　途				
交易流水号		00000000	时间戳	2018-03-02-11.30.45
中国工商银行 电子回单专用章		备注： 验证码：AaMPoabc/fghkGgacdMKXy/ef + zg		
记账网点	00201	记账柜员 00002	记账日期	2018年03月02日

重要提示：

1. 如果您是收款方，请到工行网站 www.icbc.com.cn 电子回单验证处进行回单验证。2. 本回单不作为收款方发货依据，并请勿重复记账。3. 您可以选择发送邮件，将此电子回单发送给指定的接收人。

表 3-4 运费专用发票

3200963278 江苏增值税专用发票 № 07446456

发票联

（全国统一发票监制章 江苏 国家税务局监制）

开票日期：2018 年 03 月 02 日

购买方	名　　称：润扬机械股份有限公司 纳税人识别号：321812132062219T 地 址 、电 话：扬州市江洲路 101 号 0514-87991530 开户行及账号：扬州市工行城东办 1108020209007654321				密码区		
货物或应税劳务名称	规格型号	单位	数量	单价	金额	税率	税额
＊运输服务＊运费		册			472.73	10%	47.27
合　计					¥472.73		¥47.27
价格合计（大写）伍佰贰拾元整					（小写）¥520.00		
销售方	名　　称：南京联运物流有限公司 纳税人识别号：320812132065819D 地 址 、电 话：南京市中山路 189 号 13951928918 开户行及账号：南京市工行中山支行 1108020301006789135				备注	（南京联运物流有限公司 456781089092345167 发票专用章）	

收款人：　　复核：　　开票人：袁玫　　销售方：（章）

第三联 发票联

2. 3月3日，甲材料验收入库，见表3-5。

表 3-5 收料单

润扬机械股份有限公司

收料单

2018年03月03日　　收 字 第001号

供应者华夏公司			发票号 07446259			2018年03月03日收到			
编号	材料名称	规格	应收数量	实收数量	单位	实际成本			
						单价	总价	运费	合计
	甲材料		12 850	12 850	kg	20	257 000.00	472.73	257 472.73
备注			验收人盖章 王平			合计 ¥257 472.73			

供销主管　　采购　　制单 王平

第三联 送会计部门

3. 3月4日，从上海新光材料有限公司购入乙材料，货款及运费均支付，见表3-6~表3-8。

表3-6　上海市增值税专用发票

3100131040　　**上海增值税专用发票**　　№ 00987426

开票日期：2018年03月04日

购货单位	名　　称：润扬机械股份有限公司 纳税人识别号：321812132062219T 地 址 、电 话：扬州市江州路101号　87991530 开户行及账号：扬州市工行城东分理处　1108020209007654321				密码区		
货物或应税劳务名称	规格型号	单位	数量	单价	金额	税率	税额
*液压元件*乙材料		kg	3 500	28.00	98 000.00	16%	15 680.00
合　计					¥98 000.00		¥15 680.00
价税合计（大写）壹拾壹万叁仟陆佰捌拾元整					（小写）¥113 680.00		
销货单位	名　　称：上海新光材料有限公司 纳税人识别号：310567200087667E 地 址 、电 话：上海市南环路350号　96603028 开户行及账号：上海市建行城南分理处　45684321271				备注	上海新光材料有限公司 564313583210246813 发票专用章	

收款人：刘琴　　复核：　　开票人：李明　　销售方：（章）

第三联　发票联　购货方记账凭证

表3-7　运费专用发票

3100181138　　上海增值税专用发票　　№ 18313456

开票日期：2018年03月04日

购买方	名　　称：润扬机械股份有限公司 纳税人识别号：321812132062219T 地 址 、电 话：扬州市江洲路101号　0514-87991530 开户行及账号：扬州市工行城东办　1108020209007654321				密码区		
货物或应税劳务名称	规格型号	单位	数量	单价	金额	税率	税额
*运输服务*运费					1 818.18	10%	181.82
合　计					¥1 818.18		¥181.82
价税合计（大写）贰仟元整					（小写）¥2 000.00		
销售方	名　　称：上海联运物流有限公司 纳税人识别号：913101155806389956F 地 址 、电 话：上海市浦东新区南汇工业区　20984321 开户行及账号：中国银行上海市华科路支行　452064285678				备注	上海联运物流有限公司 456781089913576423 发票专用章	

收款人：　　复核：　　开票人：张美芳　　销售方：（章）

第三联　发票联

表 3-8　网上银行电子回单

中国工商银行　　网上银行电子回单

电子回单号码：0021-2860-3302-1220　　　　打印日期：2018 年 03 月 04 日

付款人	户　名	润扬机械股份有限公司	收款人	户　名	上海新光材料有限公司
	账　号	1108020209007654321		账　号	436742317263
	开户银行	中国工商银行扬州市支行城东分理处		开户银行	上海市建行城南分理处
金　额		¥ 115,680.00	金额(大写)		壹拾壹万伍仟陆佰捌拾元整
摘　要		购乙材料	业务(产品)种类		
用　途					
交易流水号		00000000	时间戳		2018-03-04-10.52.30
中国工商银行 电子回单 专用章		备注：			
		验证码：BcDEefbd/hijk/MOpjK + mpabmnyx			
记账网点		00201	记账柜员 00002	记账日期	2018 年 03 月 04 日

重要提示：

1. 如果您是收款方，请到工行网站 www. icbc. com. cn 电子回单验证处进行回单验证。2. 本回单不作为收款方发货依据，并请勿重复记账。3. 您可以选择发送邮件，将此电子回单发送给指定的接收人。

4. 3 月 5 日，乙材料验收入库，见表 3-9。

表 3-9　材料入库单

润扬机械股份有限公司

材料入库单

2018年 03 月 05 日　　　　收　字　第 001 号

供应者上海新光材料有限公司	发票号 00987426					2018年 03 月 05 日收到			
编号	材料名称	规格	应收数量	实收数量	单位	实际成本			
						单价	总价	运费	合计
	乙材料		3 500	3 500	kg	28	98 000.00	1 818.18	99 818.18
备注			验收人盖章 王平			合计 ¥99 818.18			

第三联　送会计部门

供销主管　　　　采购　　　　制单 王平

5. 3 月 7 日，一车间领用甲材料生产 A 产品，见表 3-10。

表 3-10　原材料出库单

润扬机械股份有限公司

部门：一车间
用途：生产 A 产品

原材料出库单

2018 年 03 月 07 日　　付　字　第 001 号

编号	材料名称	规格	单位	请领数量	实发数量	单价	金额	备注
	甲材料		kg	10 000	10 000	20.00	200 000.00	
	合计		kg	10 000	10 000	20.00	200 000.00	

记账　　发料 林　芳　　领料单位负责人 于　平　　领料 王　芳

6. 3 月 10 日，从江西省南昌市星光公司购入甲、乙材料，货款及运费均支付（运费按材料重量比例分配），见表 3-11 ~ 表 3-13。

表 3-11　江西省增值税专用发票

3600151411　　江西增值税专用发票　　№ 00235689

发　票　联

全国统一发票监制章　国家税务局监制

开票日期：2018 年 03 月 10 日

购货单位	名　　称：润扬机械股份有限公司 纳税人识别号：321812132062219T 地 址 、电 话：扬州市江州路 101 号　87991530 开户行及账号：扬州市工行城东办　1108020209007654321				密码区		
货物或应税劳务名称	规格型号	单位	数量	单价	金额	税率	税额
*金属制品*甲材料		kg	13 500	22.00	297 000.00	16%	47 520.00
*液压元件*乙材料		kg	3 500	28.00	98 000.00	16%	15 680.00
合　　计					¥395 000.00		¥63 200.00
价税合计（大写）肆拾伍万捌仟贰佰元整					（小写）¥458 200.00		
销货单位	名　　称：南昌市星光公司 纳税人识别码：360001200900753G 地 址 、电 话：南昌市开发路 98 号　23510854 开户行及账号：南昌市工行开发区分理处　3216549872583691470				备注	南昌市星光公司 565498732243512903 发票专用章	

收款人：赵红　　复核：　　开票人：黄敏　　销售方：（章）

第三联　发票联　购货方记账凭证

表 3-12　南昌运费专用发票

3600765136　　江西省增值税专用发票　　№ 25739394

（印章：全国统一发票监制章 江西 国家税务局监制）

开票日期：2018 年 03 月 10 日

购买方	名　　称：润扬机械股份有限公司 纳税人识别号：321812132062219T 地 址 、电 话：扬州市江洲路 101 号　0514-87991530 开户行及账号：扬州市工行城东办　1108020209007654321					密码区		
货物或应税劳务名称	规格型号	单位	数量	单价	金额	税率	税额	
＊运输服务＊运费					￥4 545.45	10%	￥454.55	
合　计					4 545.45	10%	454.55	
价格合计(大写)伍仟元整				（小写）￥5 000.00				
销售方	名　　称：南昌市中发运输有限公司 纳税人识别号：312812132065889H 地 址 、电 话：南昌市九江路 128 号　18970817759 开户行及账号：中国工商银行南昌市支行 1209345643216789130					备注	（印章：南昌市中发运输有限公司 456781089912468135 发票专用章）	

第三联　发票联

收款人：　　复核：　　开票人：李锦　　销售方：(章)

表 3-13　网上银行电子回单

中国工商银行　　网上银行电子回单

电子回单号码：0021-2860-3302-1221　　打印日期：2018 年 03 月 10 日

付款人	户　名	润扬机械股份有限公司	收款人	户　名	南昌市星光公司
	账　号	1108020209007654321		账　号	3216549872583691470
	开户银行	中国工商银行扬州市支行城东分理处		开户银行	南昌市工行开发区分理处
金　额		￥ 463 200.00	金额(大写)		肆拾陆万叁仟贰佰元整
摘　要		购材料	业务(产品)种类		
用　途					
交易流水号		00000000	时间戳		2018-03-10-09.36.54
（印章：中国工商银行 电子回单专用章）		备注： 验证码：BcdeeAabmn/fghi/eefxy + kKxyoP			
记账网点	00201	记账柜员	00002	记账日期	2018 年 03 月 02 日

重要提示：

1. 如果您是收款方，请到工行网站 www.icbc.com.cn 电子回单验证处进行回单验证。2. 本回单不作为收款方发货依据，并请勿重复记账。3. 您可以选择发送邮件，将此电子回单发送给指定的接收人。

7. 3月12日,甲、乙材料验收入库,见表3-14。

表3-14　材料入库单

润扬机械股份有限公司

材料入库单

2018年03月12日　　　　收　字　第005号

供应者南昌市星光公司		发票号	00235689			2018年03月12日收到			
编号	材料名称	规格	应收数量	实收数量	单位	实际成本			
						单价	总价	运费	合计
	甲材料		13 500	13 500	kg	22	297 000.00	3 609.9	300 609.9
	乙材料		3 500	3 500	kg	28	98 000.00	935.55	98 935.55
	合计						395 000.00	4 545.45	399 545.45
备注		验收人盖章 王平				合计 ¥399 545.45			

第三联　送会计部门

供销主管　　　　采购　　　　制单 王平

8. 3月15日,二车间领用乙材料生产B产品,见表3-15。

表3-15　原材料出库单

润扬机械股份有限公司

部门:二车间
用途:生产B产品

原材料出库单

2018年03月15日　　　　付　字　第2号

编号	材料名称	规格	单位	请领数量	实发数量	单价	金额	备注
	乙材料		kg	5 000	5 000	30.00	150 000.00	
	合计			5 000	5 000		150 000.00	

记账　　　　发料 林芳　　　　领料单位负责人 姜伟　　　　领料 田园

9. 3 月 17 日，从本市开元公司购入乙材料，款项以银行存款支付，见表 3-16、表 3-17。

表 3-16　网上银行电子回单

中国工商银行　　网上银行电子回单

电子回单号码：0021-2860-3302-1235　　打印日期：2018 年 03 月 17 日

付款人	户　名	润扬机械股份有限公司	收款人	户　名	扬州市开元公司
	账　号	1108020209007654321		账　号	1108020212343579126
	开户银行	中国工商银行扬州市支行城东分理处		开户银行	中国工商银行扬州市支行开发区分理处
金　额		￥ 134,560.00	金额（大写）		壹拾叁万肆仟伍佰陆拾元整
摘　要		购材料	业务（产品）种类		
用　途					
交易流水号		00000000	时间戳		2018-03-17-07.58.34
中国工商银行 电子回单 专用章		备注： 验证码：CdAabBHijKFfGh + ww/hHtt/fgGwx			

记账网点	00201	记账柜员	00002	记账日期	2018 年 03 月 17 日

重要提示：

1. 如果您是收款方，请到工行网站 www.icbc.com.cn 电子回单验证处进行回单验证。2. 本回单不作为收款方发货依据，并请勿重复记账。3. 您可以选择发送邮件，将此电子回单发送给指定的接收人。

表 3-17　江苏省增值税专用发票

江苏增值税专用发票

发票联（全国统一发票监制章 国家税务局监制）

3200964451　　№ 00289879

开票日期：2018年03月17日

购货单位	名　称：润扬机械股份有限公司 纳税人识别号：321812132062219T 地址、电话：扬州市江州路 101 号　87991530 开户行及账号：市工行城东办　1108020209007654321				密码区			
货物或应税劳务名称	规格型号	单位	数量	单价	金额	税率	税额	
*液压元件*乙材料		kg	4 000	29.00	116 000.00	16%	18 560.00	
合　计					￥116 000.00		￥18 560.00	
价税合计（大写）壹拾叁万肆仟伍佰陆拾元整					（小写）￥134 560.00			
销货单位	名　称：扬州开元公司 纳税人识别号：322000120090157J 地址、电话：扬州市开发路 110 号　87124567 开户行及账号：市工行开发区分理处　1108020212343579126				备注	扬州市开元公司 565498105324683210 发票专用章		

第三联 发票联 购货方记账凭证

收款人：赵敏　　复核：　　开票人：张璐　　销售方：（章）

10. 3 月 17 日,从开元公司购入的乙材料已验收入库,见表 3-18。

表 3-18 材料入库单

润扬机械股份有限公司

材料入库单

2018年03月17日　　收　字　第005号

供应者开元公司		发票号 00289879				2018年03月17日收到			
编号	材料名称	规格	应收数量	实收数量	单位	实际成本			
						单价	总价	运费	合计
	乙材料		4 000	4 000	kg	29	116 000.00		116 000.00
	合计						116 000.00		116 000.00
备注		验收人盖章 王平				合计 ¥116 000.00			

第三联　送会计部门

供销主管　　采购　　制单 王平

11. 3 月 18 日,一车间领用乙材料,见表 3-19。

表 3-19 原材料出库单

润扬机械股份有限公司

部门:一车间
用途:生产 A 产品

原材料出库单

2018年03月18日　　付　字　第3号

编号	材料名称	规格	单位	请领数量	实发数量	单价	金额	备注
	乙材料		kg	3 000	3 000	30.00	90 000.00	
	合计			3 000	3 000		90 000.00	

记账　　发料 林芳　　领料单位负责人 于平　　领料 王明

12. 3 月 20 日,二车间领用甲材料,见表 3-20。

表 3-20 原材料出库单

润扬机械股份有限公司

部门:二车间

用途:生产 B 产品

原材料出库单

2018 年 03 月 20 日　　　　付　字　第 4 号

编号	材料名称	规格	单位	请领数量	实发数量	单价	金额	备注
	甲材料		kg	5 000	5 000	20.00	100 000.00	
	合计			5 000	5 000		100 000.00	

记账　　发料 林 芳　　领料单位负责人 姜 伟　　领料 田 园

13. 3 月 22 日,从本市中大公司购入甲材料,款项以银行存款支付,见表 3-21、表 3-22。

表 3-21 网上银行电子回单

中国工商银行　　网上银行电子回单

电子回单号码:0021-2860-3302-1238　　　　打印日期:2018 年 03 月 22 日

付款人	户　名	润扬机械股份有限公司	收款人	户　名	扬州市中大公司
	账　号	1108020209007654321		账　号	3216549872583696032
	开户银行	中国工商银行扬州市支行城东分理处		开户银行	扬州市建行城北分理处
金　额		¥ 104,400.00	金额(大写)		壹拾万零肆仟肆佰元整
摘　要		购甲材料	业务(产品)种类		
用　途					
交易流水号		00000000	时间戳		2018-03-22-09.34.20
中国工商银行 电子回单专用章		备注: 验证码:DdCefHabBcc/FGghp/LMMnoPfmw +			
记账网点	00201	记账柜员	00002	记账日期	2018 年 03 月 22 日

重要提示:

1. 如果您是收款方,请到工行网站 www.icbc.com.cn 电子回单验证处进行回单验证。2. 本回单不作为收款方发货依据,并请勿重复记账。3. 您可以选择发送邮件,将此电子回单发送给指定的接收人。

表 3-22 江苏省增值税专用发票

江苏增值税专用发票

发 票 联

3200853321　　　　№ 00289874

开票日期：2018年03月22日

购货单位	名　　称：润扬机械股份有限公司 纳税人识别号：321812132062219T 地址、电话：扬州市江州路101号 87991530 开户行及账号：市工行城东办 1108020209007654321				密码区		
货物或应税劳务名称	规格型号	单位	数量	单价	金额	税率	税额
*金属制品*甲材料		kg	5 000	18.00	90 000.00	16%	14 400.00
合　计					¥90 000.00		¥14 400.00
价税合计（大写）壹拾万零肆仟肆佰元整					（小写）¥104 400.00		
销货单位	名　　称：扬州市中大公司 纳税人识别码：322000120090369I 地址、电话：扬州市解放路89号 87653214 开户行及账号：市建行城北分理处 3216549872583696032				备注	扬州市中大公司 565498231357824320 发票专用章	

收款人：赵敏　　复核：　　开票人：张璐　　销售方：（章）

第三联 发票联 购货方记账凭证

14. 3 月 22 日，从中大公司购入的甲材料验收入库，见表 3-23。

表 3-23 材料入库单

润扬机械股份有限公司

材料入库单

2018年03月22日　　　　收　字　第006号

供应者 中大公司 发票号 00289874						2018年03月22日收到			
编号	材料名称	规格	应收数量	实收数量	单位	实际成本			
						单价	总价	运杂费	合计
	甲材料		5 000	5 000	kg	18	90 000.00		90 000.00
	合计						90 000.00		90 000.00
备注		验收人盖章 王　平				合计 ¥90 000.00			

供销主管　　　　采购　　　　制单 王　平

第三联 送会计部门

15. 3 月 23 日,管理部门领用甲、乙材料,见表 3-24。

表 3-24　管理部门原材料出库单

润扬机械股份有限公司

部门:管理部门
用途:一般耗用

原材料出库单

2018年03月23日　　　　付　字　　第5号

编号	材料名称	规格	单位	请领数量	实发数量	单价	金额	备注
	甲材料		kg	3 000	3 000	20.00	60 000.00	
	乙材料		kg	1 000	1 000	30.00	30 000.00	
	合计			4 000	4 000		90 000.00	

记账　　发料 林　芳　　领料单位负责人 丁　玲　　领料 李　月

16. 3 月 24 日,从本市向阳公司购入乙材料,款项以银行存款支付,见表 3-25、表 3-26。

表 3-25　江苏省增值税专用发票

江苏增值税专用发票

发票联

3100131040　　　　№ 00289882

开票日期:2018年03月24日

购货单位	名　　称:润扬机械股份有限公司 纳税人识别号:321812132062219T 地 址 、电 话:扬州市江州路 101 号　87991530 开户行及账号:市工行城东办　1108020209007654321				密码区		
货物或应税劳务名称	规格型号	单位	数量	单价	金额	税率	税额
*液压元件*乙材料		kg	6 000	28.50	171 000.00	16%	27 360.00
合　计					¥171 000.00		¥27 360.00
价税合计(大写)壹拾玖万捌仟叁佰陆拾元整					(小写) ¥198 360.00		
销货单位	名　　称:扬州向阳公司 纳税人识别号:322000120095462K 地 址 、电 话:扬州市江都路 39 号　87741230 开户行及账号:市工行大桥分理处　1108020209004152639				备注	扬州向阳公司 913210025678106630 发票专用章	

收款人:张云　　复核:　　开票人:张云　　销售方:(章)

第三联 发票联 购货方记账凭证

表 3-26　网上银行电子回单

中国工商银行　　网上银行电子回单

电子回单号码：0021-2860-3302-1239　　　　打印日期：2018 年 03 月 24 日

付款人	户　名	润扬机械股份有限公司	收款人	户　名	扬州向阳公司
	账　号	1108020209007654321		账　号	1108020209004152639
	开户银行	中国工商银行扬州市支行城东分理处		开户银行	中国工商银行扬州市支行大桥分理处
金　额		￥ 198,360.00	金额(大写)		壹拾玖万捌仟叁佰陆拾元整
摘　要		购材料	业务(产品)种类		
用　途					
交易流水号		00000000	时间戳		2018-03-24-07.50.36
中国工商银行 电子回单 专用章		备注： 验证码：DdEEfxYZMmnoP+/ABbaCcf/xyzBy			
记账网点	00201	记账柜员	00002	记账日期	2018 年 03 月 24 日

重要提示：

1. 如果您是收款方，请到工行网站 www.icbc.com.cn 电子回单验证处进行回单验证。2. 本回单不作为收款方发货依据，并请勿重复记账。3. 您可以选择发送邮件，将此电子回单发送给指定的接收人。

17. 3 月 24 日，从向阳公司购入的乙材料验收入库，见表 3-27。

表 3-27　材料入库单

润扬机械股份有限公司
材料入库单

2018 年 03 月 24 日　　　　收　字　第 006 号

供应者 向阳公司		发票号 00289882				2018 年 03 月 24 日收到			
编号	材料名称	规格	应收数量	实收数量	单位	实际成本			
						单价	总价	运费	合计
	乙材料		6 000	6 000	kg	28.5	171 000.00		171 000.00
	合计						171 000.00		171 000.00
备注		验收人盖章 王平				合计 ￥171 000.00			

第三联　送会计部门

供销主管　　　　采购　　　　制单 王平

18. 3 月 25 日,管理部门领用甲材料,见表 3-28。

表 3-28 管理部门原材料出库单

润扬机械股份有限公司

部门:管理部门
用途:一般耗用

原材料出库单

2018年03月25日　　　　付　字　第6号

编号	材料名称	规格	单位	请领数量	实发数量	单价	金额	备注
	甲材料		kg	500	500	20.00	10 000.00	
	合计						¥10 000.00	

记账　　发料 林　芳　　领料单位负责人 丁　玲　　领料 李　月

19. 3 月 26 日,从本市先锋材料公司购入甲、乙材料,款项以银行存款支付,见表 3-29、表 3-30。

表 3-29 江苏省增值税专用发票

江苏增值税专用发票

发　票　联

3200839747　　　　№ 00289885

（印章：全国统一发票监制章 江苏 国家税务局监制）

开票日期:2018年03月26日

购货单位	名　　称:润扬机械股份有限公司 纳税人识别号:321812132062219T 地 址 、电 话:扬州市江州路 101 号 87991530 开户行及账号:市工行城东办 1108020209007654321	密码区	

货物或应税劳务名称	规格型号	单位	数量	单价	金额	税率	税额
*金属制品*甲材料		kg	3 000	19.00	57 000.00	16%	9 120.00
*液压元件*乙材料		kg	2 000	28.00	56 000.00	16%	8 960.00
合　计					¥113 000.00		¥18 080.00

价税合计(大写)壹拾叁万壹仟零捌拾元整　　(小写)¥131 080.00

销货单位	名　　称:扬州先锋材料公司 纳税人识别号:322000120032154L 地 址 、电 话:扬州市运河路 98 号 87303624 开户行及账号:市工行城南分理处 1108020209009876541	备注	（印章：扬州先锋材料公司 587996541132048790 发票专用章）

收款人:张云　　复核:　　开票人:李民　　销售方:(章)

第三联 发票联 购方记账凭证

表 3-30　网上银行电子回单

中国工商银行　　网上银行电子回单

电子回单号码：0021-2860-3302-1245　　　　打印日期：2018 年 03 月 26 日

付款人	户　名	润扬机械股份有限公司	收款人	户　名	扬州先锋材料公司
	账　号	1108020209007654321		账　号	1108020209009876541
	开户银行	中国工商银行扬州市支行城东分理处		开户银行	中国工商银行扬州市支行城南分理处
金　额		¥ 131,080.00	金额(大写)		壹拾叁万壹仟零捌拾元整
摘　要		购材料	业务(产品)种类		
用　途					
交易流水号		00000000	时间戳		2018-03-26-11.30.25
中国工商银行 电子回单 专用章		备注： 验证码：DABHF/fgadbHI/jKMnOoHTXY + CDb			
记账网点	00201	记账柜员	00002	记账日期	2018 年 03 月 26 日

重要提示：

1. 如果您是收款方，请到工行网站 www.icbc.com.cn 电子回单验证处进行回单验证。2. 本回单不作为收款方发货依据，并请勿重复记账。3. 您可以选择发送邮件，将此电子回单发送给指定的接收人。

20. 3 月 26 日，从先锋材料公司购入的甲、乙材料验收入库，见表 3-31。

表 3-31　材料入库单

润扬机械股份有限公司

材料入库单

2018年 03 月 26 日　　　　收　字　第 007 号

供应者 先锋材料公司		发票号 00289885				2018年 03 月 26 日收到			
编号	材料名称	规格	应收数量	实收数量	单位	实际成本			
						单价	总价	运费	合计
	甲材料		3 000	3 000	kg	19.0	57 000.00		57 000.00
	乙材料		2 000	2 000	kg	28.0	56 000.00		56 000.00
	合计						113 000.00		113 000.00
备注			验收人盖章 王平			合计 ¥113 000.00			

第三联　送会计部门

供销主管　　　　采购　　　　制单 王平

21. 3 月 28 日,从浙江购入甲材料,运费等由销货单位代垫,款项以银行存款支付,材料尚未到达,见表 3-32 ~ 表 3-35。

表 3-32 浙江省增值税专用发票

浙江增值税专用发票

发票联

3300121620　　　　　　　　№ 00289887

开票日期: 2018 年 03 月 28 日

购货单位	名　称: 润扬机械股份有限公司 纳税人识别号: 321812132062219 地 址 、电 话: 扬州市江州路 101 号 87991530 开户行及账号: 扬州市工行城东办 1108020209007654321				密码区		
货物或应税劳务名称	规格型号	单位	数量	单价	金额	税率	税额
*金属制品*甲材料		kg	8 000	20.00	160 000.00	16%	25 600.00
合 计					¥160 000.00		¥25 600.00
价税合计(大写)壹拾捌万伍仟陆佰元整					(小写) ¥185 600.00		
销货单位	名　称: 浙江台州冶炼厂 纳税人识别号: 270104010213518M 地 址 、电 话: 台州市新建路 37 号 56312897 开户行及账号: 台州市工行火车站分理处 2820345678914562581				备注	浙江台州冶炼厂 587996541023460781 发票专用章	

第三联 发票联 购方记账凭证

收款人: 唐亮　　复核:　　开票人: 刘英　　销售方: (章)

表 3-33　网上银行电子回单

中国工商银行　　网上银行电子回单

电子回单号码：0021-2860-3302-1247　　　　打印日期：2018 年 03 月 28 日

付款人	户　名	润扬机械股份有限公司	收款人	户　名	浙江台州冶炼厂
	账　号	1108020209007654321		账　号	2820345672381367321
	开户银行	中国工商银行扬州市支行城东分理处		开户银行	中国工商银行台州市支行火车站分理处
金　额		￥ 186,952.00	金额(大写)		壹拾捌万陆仟玖佰伍拾贰元整
摘　要		购材料及运费	业务(产品)种类		
用　途					
交易流水号		00000000	时间戳		2018-03-28-11.35.40
中国工商银行 电子回单 专用章		备注： 验证码：AaDDXy/bcdhBdHI/jkLmNH + jxy − bc			

记账网点	00201	记账柜员	00002	记账日期	2018 年 03 月 28 日

重要提示：

1. 如果您是收款方，请到工行网站 www. icbc. com. cn 电子回单验证处进行回单验证。2. 本回单不作为收款方发货依据，并请勿重复记账。3. 您可以选择发送邮件，将此电子回单发送给指定的接收人。

表 3-34　运费专用发票

3200963310　　　　浙江增值税专用发票　　　　№ 07446567

全国统一发票监制章 江苏 国家税务局监制

开票日期：2018 年 03 月 28 日

购买方	名　　称：润扬机械股份有限公司 纳税人识别号：321812132062219T 地 址 、电 话：扬州市江洲路 101 号　87991530 开户行及账号：扬州市工行城东办　1108020209007654321	密码区

货物或应税劳务名称	规格型号	单位	数量	单价	金额	税率	税额
＊运输服务＊运费					1 000.00	10%	100.00
合　计					￥1 000.00	10%	￥100.00
价税合计(大写)壹仟壹佰元整					(小写)￥1 100.00		

销售方	名　　称：台州市鸿运运输有限公司 纳税人识别号：457812132065135N 地 址 、电 话：台州市中山路 38 号　0576-56354326 开户行及账号：台州市工行中山分理处　2820398765421678234	备注：台州市鸿运运输有限公司 302874512079630013 发票专用章

第三联　发票联

收款人：　　　复核：　　　开票人：黄妍　　　销售方：(章)

表 3-35　国内水路、铁路货物运输保险凭证

中国财产保险公司台州分公司

国内水路、铁路货物运输保险凭证(甲)

№ 5815231

本公司依照国内水路、铁路货物运输保险条款及凭证所注明的其他条件,对下列货物承保运输险:

被保险人:润扬机械股份有限公司　　投保人:台州冶炼厂

货物运单号码	货物名称	件数数量	中转地	目的地	运输工具起运日期	保险金额(元)	保险费(%)		保险费(元)
							综合险	基本险	
003752	甲材料			扬州站	火车 3月28日	185 600.00	√		252.00

复核:　　　　签章:赵娟　　　　代理处:

注意事项:

1. 综合险包括基本险。
2. 凡在保险费率综合险或基本险栏内填明费率的即按该险别责任。
3. 如遇出险请凭本凭证第四联正本连同有关原件单证报出险当地保险公司处理。
4. 每笔最低保费人民币壹元。

2018 年 03 月 28 日

22. 3 月 31 日,计算材料成本差异率,填写“发料汇总表”,并将发出材料计划成本调整为实际成本,见表 3-36。

表 3-36　发料汇总表

发料汇总表

2018 年 03 月 31 日

项目	甲材料(差异率__)		乙材料(差异率__)		合计	
	计划成本	成本差异	计划成本	成本差异	计划成本	成本差异
生产成本——A 产品	200 000		90 000		290 000	
生产成本——B 产品	100 000		150 000		250 000	
管理费用	70 000		30 000		100 000	
合计	370 000		270 000		640 000	

23. 3 月 31 日,编制本月损益类账户发生额汇总表(见表 3-37),并将损益类账户金额结转到本年利润账户。

表 3-37　损益类账户发生额汇总表

收入类账户	本月发生额	支出类账户	本月发生额
		管理费用	99 005.00
合计		合计	99 005.00

实验4　固定资产核算实验

一、实验目的

通过实验,使学生了解固定资产增加的来源和减少的原因,熟悉折旧的计算方法,掌握固定资产总分类核算的会计处理方法。

二、实验程序和要求

1. 根据原始凭证编制记账凭证。

2. 编制固定资产折旧计算表及未确认融资费用摊销表。

3. 撰写实验报告。

三、实验资料

润扬机械股份有限公司2018年4月主要业务资料如下:

1. 4月10日,润扬机械股份有限公司购置不需要安装的设备1台,并交付使用,见表4-1、表4-2。

表4-1　江苏省增值税专用发票

江苏增值税专用发票

发　票　联

3200967878　　　　　　　　　　№ 07448451

全国统一发票监制章 国家税务局监制

开票日期:2018年04月10日

购货单位	名　　称:润扬机械股份有限公司 纳税人识别号:321812132062219T 地 址 、电 话:扬州市江州路101号　87991530 开户行及账号:市工行城东办　1108020209007654321	密码区					
货物或应税劳务名称	规格型号	单位	数量	单价	金额	税率	税额
*机床*车床		台	1	3 000.00	3 000.00	16%	480.00
合　计					¥3 000.00		¥480.00
价税合计(大写)叁仟肆佰捌拾元整					(小写) ¥3 480.00		
销货单位	名　　称:润扬机电有限责任公司 纳税人识别号:321812136677890R 地 址 、电 话:扬州市城西路208号 开户行及账号:市工行城西办　1108020209005432167	备注	润扬机电有限责任公司 913210021228106630 发票专用章				

收款人:陆敏　　　复核:唐涛　　　开票人:张红　　　销售方:(章)

第三联　发票联　购货方记账凭证

表 4-2　网上银行电子回单

中国工商银行　　网上银行电子回单

电子回单号码: 0021-2860-3302-1250　　　　打印日期: 2018 年 04 月 10 日

<table>
<tr><td rowspan="3">付款人</td><td>户　名</td><td>润扬机械股份有限公司</td><td rowspan="3">收款人</td><td>户　名</td><td>润扬机电有限责任公司</td></tr>
<tr><td>账　号</td><td>1108020209007654321</td><td>账　号</td><td>1108020209005432167</td></tr>
<tr><td>开户银行</td><td>中国工商银行扬州市支行城东分理处</td><td>开户银行</td><td>中国工商银行扬州市支行城西办</td></tr>
<tr><td colspan="2">金　额</td><td>¥ 3,480.00</td><td colspan="2">金额(大写)</td><td>叁仟肆佰捌拾元整</td></tr>
<tr><td colspan="2">摘　要</td><td>购物</td><td colspan="2">业务(产品)种类</td><td></td></tr>
<tr><td colspan="2">用　途</td><td colspan="4"></td></tr>
<tr><td colspan="2">交易流水号</td><td>00000000</td><td colspan="2">时间戳</td><td>2018-04-10-09. 30. 40</td></tr>
<tr><td colspan="2" rowspan="2">中国工商银行
电子回单
专用章</td><td colspan="4">备注:</td></tr>
<tr><td colspan="4">验证码:Bacd/FGHBbcL/mPamcc + DdEeewXY</td></tr>
<tr><td colspan="2">记账网点</td><td>00201　记账柜员</td><td colspan="2">00002　记账日期</td><td>2018 年 04 月 10 日</td></tr>
</table>

重要提示:

1. 如果您是收款方,请到工行网站 www. icbc. com. cn 电子回单验证处进行回单验证。2. 本回单不作为收款方发货依据,并请勿重复记账。3. 您可以选择发送邮件,将此电子回单发送给指定的接收人。

2. 4月12日，购买轿车一辆，并交付使用，见表4-3～表4-9。

表4-3 机动车销售统一发票

机动车销售统一发票

发票联

发票代码 366000630778

开票日期：2018年04月12日　　　　发票号码 67748910

机打代码 机打号码 机器编号	655000820889 71158630	税控码			
购货单位（人）	润扬机械股份有限公司	身份证号码（组织机构代码）		99078919	
车辆类型	轿车	厂牌型号	福特蒙迪欧	产地	重庆
合格证号	8000065567	进口证明号	无	商检号	无
发动机号码	C696789	车辆识别代码/车架号码		C334456	
价税合计	人民币（大写）贰拾万零捌仟捌佰元整　　¥208 800.00				
销货单位名称	扬州福特汽车销售有限责任公司		电话		
纳税人识别号	320923458076628T		账号	1108020209003216549	
地　　址	扬州市扬子路218号	开户银行	中国工商银行扬州市城南分理处		
增值税税率（征收率）	16%	增值税税额	¥28 800.00	主管税务机关及代码	扬州市国税局开发区分局 132100000
不含税价	小写 ¥180 000.00	吨位		限乘人数	5人

第三联　发票（购货单位付款凭证）

销售单位：（章）　　开票人：李月　　备注：一车一票

表 4-4　江苏增值税专用发票

3200964468　　江苏增值税专用发票　　№ 07447628

（全国统一发票监制章 江苏 国家税务局监制）

开票日期：2018 年 04 月 12 日

购买方	名　　称：润扬机械股份有限公司 纳税人识别号：321812132062219T 地 址 、电 话：扬州市江洲路 101 号　87991530 开户行及账号：市工行城东办　1108020209007654321				密码区		
货物或应税劳务名称	规格型号	单位	数量	单价	金额	税率	税额
＊金融服务＊保险费					3 600.00	6%	216.00
合　计					¥3 600.00		¥216.00
价格合计（大写）叁仟捌佰壹拾陆元整					（小写）¥3 816.00		
销售方	名　　称：中国人民财产保险股份有限公司扬州分公司 纳税人识别号：91100000710931483R 地 址 、电 话：扬州市文昌中路 388 号　0514-87342583 开户行及账号：中国银行扬州支行　4910582067990067938				备注	中国人民财产保险股份有限公司扬州分公司 320356745678108901 发票专用章	

第三联 发票联

收款人：　　复核：　　开票人：唐可　　销售方：（章）

表 4-5　网上银行电子回单

中国工商银行　　网上银行电子回单

电子回单号码：0021-2860-3302-1260　　打印日期：2018 年 04 月 12 日

付款人	户　名	润扬机械股份有限公司	收款人	户　名	扬州福特汽车销售有限责任公司
	账　号	1108020209007654321		账　号	1108020209003216549
	开户银行	中国工商银行扬州市支行城东分理处		开户银行	中国工商银行扬州市城南分理处
金　额		¥ 208,800.00	金额（大写）		贰拾万捌仟捌佰元整
摘　要		购置汽车	业务（产品）种类		
用　途					
交易流水号		00000000	时间戳		2018-04-12. 10. 29. 33
中国工商银行 电子回单 专用章		备注： 验证码：ACacBDbdEGegFfPmn/poMN/ee + Wx			

记账网点	00201	记账柜员	00002	记账日期	2018 年 04 月 12 日

重要提示：

1. 如果您是收款方，请到工行网站 www. icbc. com. cn 电子回单验证处进行回单验证。2. 本回单不作为收款方发货依据，并请勿重复记账。3. 您可以选择发送邮件，将此电子回单发送给指定的接收人。

表 4-6　网上银行电子回单

中国工商银行　　网上银行电子回单

电子回单号码：0021-2860-3302-1261　　　　打印日期：2018 年 04 月 12 日

付款人	户　名	润扬机械股份有限公司	收款人	户　名	中国人民财产保险公司扬州分公司
	账　号	1108020209007654321		账　号	4910582067990067938
	开户银行	中国工商银行扬州市支行城东分理处		开户银行	中国银行扬州市支行
金　额		￥ 3,816.00	金额(大写)		叁仟捌佰壹拾陆元整
摘　要		车辆保险费	业务(产品)种类		
用　途					
交易流水号		00000000	时间戳		2018-04-12-10.35.40
中国工商银行 电子回单专用章		备注： 验证码：BDACbdca/mnopMWOT/effiJ + Kgxy			
记账网点	00201	记账柜员	00002	记账日期	2018 年 04 月 12 日

重要提示：

1. 如果您是收款方，请到工行网站 www.icbc.com.cn 电子回单验证处进行回单验证。2. 本回单不作为收款方发货依据，并请勿重复记账。3. 您可以选择发送邮件，将此电子回单发送给指定的接收人。

表 4-7　工行电子缴税付款凭证

中国工商银行　　电子缴税付款凭证

转账日期:2018 年 04 月 12 日　　　　凭证字号

纳税人全称及纳税人识别号：润扬机械股份有限公司 321812132062219

付款人全称：润扬机械股份有限公司　　征收机关名称：扬州市广陵区国税局

付款人账号：110802020907654321　　收款国库(银行)名称：国家金库广陵区支库

付款人开户银行：市工行城东办　　缴款书交易流水号：29246711

小写(合计)金额：￥18,000.00　　税票号码：320170622005590034

大写(合计)金额：人民币壹万捌仟元整

税(费)种名称	所属日期	实缴金额
车辆购置税	2018.04.12	18,000.00

中国工商银行扬州市支行城东分理处 2018.04.12 收讫 (1)

第 1 次打印　　地区号　　[打印时间]2018 年 04 月 12 日

第二联　作付款回单(无银行收讫章无效)复核　　记账：黄敏　　柜台号：

表 4-8　电子缴税凭证

中华人民共和国
电子缴税(费)凭证

打印日期:2018 年 04 月 12 日　　　　　　　　　　　　　　　　税 10201829908500

纳税人代码	913210007559808562				主管税务机关	扬州广陵区国税局			
纳税人全称	润扬机械股份有限公司				开户银行	中国工商银行扬州市支行城东分理处			
缴款人名称	润扬机械股份有限公司				银行账号	1108020209007654321			
社保代码									
电子缴款书号	征收项目名称	征收品目名称	征收子目名称	所属时间	实缴金额	缴款日期	税款属性	国库	备注
20180421 000380245	车辆购置税	汽车			18 000.00	2018－04－12		电子金库	广陵区支库
金额合计	壹万捌仟元整				¥18 000.00				
注:					(套印征收专用章)				

国家税务总局江苏省税务局 电子缴费专用章

表 4-9　固定资产验收交接单

固定资产验收交接单

2018 年 04 月 12 日

资产型号	资产名称	型号规格或结构面积	计量单位	数量	设备价值或造价	安装费用	附加费用	合计
	福特汽车		辆	1	201 600.00	/	/	201 600.00
资产来源		购入	耐用年限			主要附属设备		
制造厂名		长安福特	估计年限					
制造日期及编号		2017.10.1	基本折旧率					
工程项目或使用部门		行政部门	估计残值					

本单一式三份，资产管理部门、财务部门、送交部门交接双方及上级

交验部门主管：李　刚　　点交人：王　志　　接管部门主管：李　强　　接管人：姚　玉

3. 4 月 15 日，购买需安装的设备一台，并支付运费，见表 4-10 ~ 表 4-12。

表 4-10　江苏省增值税专用发票

江苏增值税专用发票

发 票 联

3200968613　　　　　　　　　　　　№ 07448569

开票日期：2018年04月15日

购货单位	名　　　称：润扬机械股份有限公司 纳税人识别号：321812132062219T 地 址 、电 话：扬州市江州路 101 号　87991530 开户行及账号：市工行城东办　1108020209007654321	密码区	

货物或应税劳务名称	规格型号	单位	数量	单价	金额	税率	税额
锅炉及辅助设备 锅炉		台	1	70 000.00	70 000.00	16%	11 200.00
合　计					¥70 000.00		¥11 200.00
价税合计（大写）捌万壹仟贰佰元整					（小写）¥81 200.00		

销货单位	名　　　称：扬州市锅炉厂 纳税人识别号：321812136633443Q 地 址 、电 话：扬州市润南路 109 号 开户行及账号：市工行城南办　1108020209005433579	备注	扬州市锅炉厂 456781088002305216 发票专用章

收款人：陆敏　　　　复核：唐涛　　　　开票人：张红　　　　销售方：（章）

第三联 发票联 购货方记账凭证

表 4-11　江苏增值税专用发票

江苏增值税专用发票

发 票 联

3200964525　　　　　　　　　　　　№ 07447650

开票日期：2018 年 04 月 15 日

购买方	名　　　称：润扬机械股份有限公司 纳税人识别号：321812132062219T 地 址 、电 话：扬州市江洲路 101 号　87991530 开户行及账号：市工行城东办 1108020209007654321	密码区	

货物或应税劳务名称	规格型号	单位	数量	单价	金额	税率	税额
*运输服务*运费					200.00	10%	20.00
合　计					¥200.00		¥20.00
价格合计（大写）贰佰贰拾元整					（小写）¥220.00		

销售方	名　　　称：扬州联运物流有限公司 纳税人识别号：321812132065817D 地 址 、电 话：扬州市渡江南路 88 号　0514-87653028 开户行及账号：市工行渡江分理处　1108020209006345231	备注	扬州联运物流有限公司 456781089010034256 发票专用章

收款人：　　　　复核：　　　　开票人：赵娟　　　　销售方：（章）

第三联 发票联

表 4-12　网上银行电子回单

中国工商银行　　网上银行电子回单

电子回单号码：0021-2860-3302-1265　　　　打印日期：2018 年 04 月 15 日

付款人	户　名	润扬机械股份有限公司	收款人	户　名	扬州市锅炉厂
	账　号	1108020209007654321		账　号	1108020209005433579
	开户银行	中国工商银行扬州市支行城东分理处		开户银行	市工行城南分理处
金　额		¥ 81,200.00	金额(大写)		捌万壹仟贰佰元整
摘　要		购锅炉	业务(产品)种类		
用　途					
交易流水号		00000000	时间戳		2018-04-15-10.28.45
中国工商银行 电子回单 专用章		备注： 验证码：xyWmnST/abAFG/gHhWMN + mnoPqRT			
记账网点	00201	记账柜员	00002	记账日期	2018 年 04 月 15 日

重要提示：

1. 如果您是收款方，请到工行网站 www.icbc.com.cn 电子回单验证处进行回单验证。2. 本回单不作为收款方发货依据，并请勿重复记账。3. 您可以选择发送邮件，将此电子回单发送给指定的接收人。

表 4-13　网上银行电子回单

中国工商银行　　网上银行电子回单

电子回单号码：0021-2860-3302-1266　　　　打印日期：2018 年 04 月 15 日

付款人	户　名	润扬机械股份有限公司	收款人	户　名	扬州联运物流有限公司
	账　号	1108020209007654321		账　号	1108020209006345231
	开户银行	中国工商银行扬州市支行城东分理处		开户银行	中国工商银行扬州市支行渡江分理处
金　额		¥ 220.00	金额(大写)		贰佰贰拾元整
摘　要		支付运费	业务(产品)种类		
用　途					
交易流水号		00000000	时间戳		2018-04-15-09.26.34
中国工商银行 电子回单 专用章		备注： 验证码：AbCdDBE/eefFD + EGge/wwxSTfgzx			
记账网点	00201	记账柜员	00002	记账日期	2018 年 04 月 15 日

重要提示：

1. 如果您是收款方，请到工行网站 www.icbc.com.cn 电子回单验证处进行回单验证。2. 本回单不作为收款方发货依据，并请勿重复记账。3. 您可以选择发送邮件，将此电子回单发送给指定的接收人。

4. 4 月 19 日,支付设备安装费,并将设备交付使用,见表 4-14 ~ 表 4-16。

表 4-14　网上银行电子回单

中国工商银行　　网上银行电子回单

电子回单号码:0021-2860-3302-1268　　　　打印日期:2018 年 04 月 19 日

付款人	户　名	润扬机械股份有限公司	收款人	户　名	扬州市锅炉安装公司
	账　号	1108020209007654321		账　号	1108020209010345612
	开户银行	中国工商银行扬州市支行城东分理处		开户银行	中国工商银行扬州市支行曲江分理处
金　额		¥ 2,200.00	金额(大写)		贰仟贰佰元整
摘　要		安装费	业务(产品)种类		
用　途					
交易流水号		00000000	时间戳		2018-04-19-08.36.54
中国工商银行 电子回单 专用章		备注: 验证码:DdEEfabcBCDwxy/mnop/QQR + eefg			
记账网点	00201	记账柜员	00002	记账日期	2018 年 04 月 19 日

重要提示:

1. 如果您是收款方,请到工行网站 www. icbc. com. cn 电子回单验证处进行回单验证。2. 本回单不作为收款方发货依据,并请勿重复记账。3. 您可以选择发送邮件,将此电子回单发送给指定的接收人。

表 4-15　江苏增值税专用发票

3200964123　　　　江苏增值税专用发票　　　　№ 07447560

全国统一发票监制章 江苏 国家税务局监制

开票日期:2018 年 04 月 19 日

购买方	名　　称:润扬机械股份有限公司 纳税人识别号:321812132062219T 地 址 、电 话:扬州市江洲路 101 号　87991530 开户行及账号:市工行城东办　1108020209007654321					密码区		
货物或应税劳务名称	规格型号	单位	数量	单价	金额	税率	税额	
*建筑服务*安装费					2 000	10%	200	
合　计					¥2 000		¥200	
价税合计(大写)贰仟贰佰元整				(小写)¥2 200.00				
销售方	名　　称:扬州市锅炉安装公司 纳税人识别号:321812132093345Q 地 址 、电 话:扬州市江都路 210 号　0514-8533678 开户行及账号:市工行渡江路分理处　1108020209345246876					备注	扬州市锅炉安装公司 456781089012435230 发票专用章	

第三联 发票联

收款人:　　　　复核:　　　　开票人:李晶　　　　销售方:(章)

表 4-16　固定资产验收交接单

固定资产验收交接单

2018 年 04 月 19 日

资产型号	资产名称	型号规格或结构面积	计量单位	数量	设备价值或造价	安装费用	附加费用	合计
	锅　炉		台	1	70 000.00	2 000.00	200.00	72 200.00
资产来源		购入	耐用年限		15		主要附属设备	
制造厂名		扬州锅炉厂	估计年限					
制造日期及编号		2017.12.1	基本折旧率					
工程项目或使用部门		生产部门	估计残值					

本单分送财务部门交接双方及上级
资产管理部门

交验部门主管：王　强　　点交人：潘　明　　接管部门主管：赵　志　　接管人：蔡　明

5. 4 月 25 日，报废机床一辆，并清理完毕，见表 4-17、表 4-18。

表 4-17　江苏增值税专用发票

3200964125　　江苏增值税专用发票　　№ 07447562

（全国统一发票监制章　江苏　国家税务局监制）　记　账

开票日期：2018 年 04 月 25 日

购买方	名　　称：扬州市渡江废品回收公司 纳税人识别号：321812132156349W 地 址 、电 话：渡江路 189 号 0514-87302456 开户行及账号：工行扬州市支行渡江分理处 1108020206345123678				密码区		
货物或应税劳务名称	规格型号	单位	数量	单价	金额	税率	税额
＊机床＊车床			1	50.00	50.00	16%	8.00
合　计					¥50.00		¥8.00
价税合计（大写）伍拾捌元整					（小写）¥58.00		
销售方	名　　称：润扬机械股份有限公司 纳税人识别号：321812132062219T 地 址 、电 话：扬州市江洲路 101 号 0514-87991530 开户行及账号：市工行城东办 1108020209007654321				备注	润扬机械股份有限公司 913210024567810890 发票专用章	

收款人：　　复核：　　开票人：刘倩　　销售方：（章）

第一联　记账联

表 4-18　固定资产清理报废单

固定资产清理报废单

2018 年 04 月 25 日

型号	资产名称	计量单位	数量	原始价值	已提折旧	净值	支付清理费	变价收入
	车床	台	1	10 000.00	9 800.00	200.00	0	58.00(含税)
制造单位		预计使用年限		6			申请报废原因	到期不能使用
制造日期及编号	2011.1	实际使用年限		6				
使用部门	车间							

会计主管：　出纳：　复核：吴　洁　记账：罗　静　制单：姚　远

6. 4 月 30 日，计提固定资产折旧，见表 4-19。

表 4-19　固定资产折旧计提表

固定资产折旧计提表

2018 年 04 月 30 日

固定资产类别		固定资产原值(元)	月折旧率(‰)	月折旧额(元)
铸造车间	房屋	665 000	4	
	设备	1 800 000	6	
	小计	2 465 000		
机加工车间	房屋	387 600	4	
	设备	1 500 000	6	
	小计	1 887 000		
金工车间	房屋	75 000	4	
	设备	80 000	6	
	小计	155 000		
装配车间	房屋	629 500	4	
	设备	800 000	6	
	小计	1 429 000		
机修车间	房屋	218 500	4	
	设备	900 000	6	
	小计	1 118 500		
运输队	房屋	113 000	4	
	设备	250 000	6	
	小计	363 000		
管理部门	房屋	900 000	4	
	办公设备	12 000	6	
	运输用具	140 000	6	
	小计	1 052 000		
总计		8 469 500		

7. 2018 年 6 月 30 日，以融资租赁形式租入设备 1 台，投入生产使用(经查，6 期利率为 7% 的年金现值系数为 4.766)，见表 4-20。

表 4-20　融资租赁合同(摘要)

融资租赁合同(摘要)

出租人(以下简称甲方)：华兴股份有限公司

承租人(以下简称乙方)：润扬机械股份有限公司

根据《中华人民共和国经济合同法》及有关规定，经甲乙双方商定，签订本融资租赁合同。

第一条　合同依据和租赁物件

第一款　甲方根据乙方提供的国家有关批准文件，同意乙方的租赁申请，由甲方提供快速成型加工机床一台，供乙方使用。

第二款　租赁物件总成本为 70 万元，公允价值为 70 万元，预计使用年限 5 年。

第三款　租赁期间，租赁物件的所有权属于甲方，乙方具有使用权。

第四款　租赁期满，甲方同意将租赁物件的所有权(无须支付买价，无担保余值)转让给乙方。

第二条　租赁期限和租金

第一款　租赁期限为 3 年，自 2018 年 6 月 30 日起至 2021 年 6 月 30 日止。

第二款　租金总额为 90 万元，每 6 个月交付一次，每次交付租金 15 万元。

第三款　合同规定利率为 7%。

承租人(签章)　润扬机械股份有限公司
2018 年 6 月 30 日

出租人(签章)　华兴股份有限公司
2018 年 6 月 30 日

附　租赁设备交接单(略)

8. 2018 年 12 月 31 日，支付给华兴股份有限公司融资租赁设备租金 15 万元，见表 4-21、表 4-22。

表 4-21　网上银行电子回单

中国工商银行　　网上银行电子回单

电子回单号码：0021-2860-3302-2091　　　　打印日期：2018 年 12 月 31 日

付款人	户　名	润扬机械股份有限公司	收款人	户　名	华兴股份有限公司
	账　号	1108020209007654321		账　号	11080202010019
	开户银行	中国工商银行扬州市支行城东分理处		开户银行	中国工商银行南京市支行高桥分理处
金　额		￥ 150,000.00	金额（大写）		人民币壹拾伍万元整
摘　要		支付融资租赁设备租金	业务（产品）种类		
用　途					
交易流水号		00000000	时间戳		2018-12-31-08.30.50
中国工商银行 电子回单 专用章		备注： 验证码：CDabcefdgh/EGFeefwx/ykABcdff			

记账网点	00201	记账柜员	00002	记账日期	2018 年 12 月 31 日

重要提示：

1. 如果您是收款方，请到工行网站 www.icbc.com.cn 电子回单验证处进行回单验证。2. 本回单不作为收款方发货依据，并请勿重复记账。3. 您可以选择发送邮件，将此电子回单发送给指定的接收人。

表 4-22　江苏增值税专用发票

3200964023　　　　江苏增值税专用发票　　　　№ 07454321

（全国统一发票监制章 江苏省国家税务局监制）

发　票

开票日期：2018 年 12 月 31 日

购买方	名　　称：润扬机械股份有限公司 纳税人识别号：321812132062219T 地 址 、电 话：扬州市江洲路 101 号　87991530 开户行及账号：市工行城东办　1108020209007654321				密码区		
货物或应税劳务名称	规格型号	单位	数量	单价	金额	税率	税额
＊机床＊快速成型加工机床			1		150 000.00	16%	24 000.00
合　计					￥150 000.00		￥24 000.00
价税合计（大写）壹拾柒万肆仟元整					（小写）￥174 000.00		
销售方	名　　称：华兴股份有限公司 纳税人识别号：321812131056789X 地 址 、电 话：南京市高桥路 158 号　025-58243678 开户行及账号：南京市工行高桥分理处　11080202010019				备注	华兴股份有限公司 456781089012435690 发票专用章	

第三联　发票联

收款人：　　　复核：　　　开票人：徐娟　　　销售方：（章）

9. 2018 年 12 月 31 日，摊销未确认融资费用，编制未确认融资费用摊销表（经测算，该融资租入固定资产的实际利率为 7.7%），见表 4-23。

表 4-23　未确认融资费用摊销表

未确认融资费用摊销表

2018 年 12 月 31 日

日　期	租金	确认的融资费用	应付本金减少额	应付本金余额
(1)	(2)	(3) = 期初(5) ×7.7%	(4) = (2) − (3)	期末(5) = 期初(5) − (4)
2018.06.30				
2018.12.31				
2019.06.30				
2019.12.31				
2020.06.30				
2020.12.31				
2021.06.30				
合　计				

10. 2018 年 12 月 31 日，计提 2018 年 12 月份融资租入固定资产折旧，编制融资租入固定资产折旧计提表，见表 4-24。

表 4-24　融资租入固定资产折旧计提表

融资租入固定资产折旧计提表

2018 年 12 月 31 日

固定资产类别		固定资产原值	月折旧率(‰)	月折旧额(元)
铸造车间	设备			
	小计			

11. 2018 年 4 月 30 日，结转本月损益类账户金额到本年利润账户，见表 4-25。

表 4-25　损益类账户发生额汇总表

损益类账户发生额汇总表

收入类账户	本月发生额	支出类账户	本月发生额
		其他业务成本	1 952.00
		管理费用	4 512.00
		资产处置损益	150.00

实验5　无形资产核算实验

一、实验目的

通过实验,使学生掌握无形资产增加和减少的核算方法,熟悉无形资产摊销的计算及核算方法。

二、实验程序和要求

1. 根据原始凭证编制记账凭证。

2. 编制无形资产摊销计算表。

3. 撰写实验报告。

三、实验资料

润扬机械股份有限公司2018年5月主要业务资料如下:

1. 5月4日,润扬机械股份有限公司收到华润公司捐赠的一项特许使用权A,经评估确定的价值为50 000元,使用年限为10年,见表5-1、表5-2、表5-3。

表5-1　江苏增值税专用发票

3200966321　　江苏增值税专用发票　　№ 07448025

（全国统一发票监制章　江苏省国家税务局监制）

开票日期:2018年05月04日

购买方	名　　称:润扬机械股份有限公司 纳税人识别号:321812132062219T 地 址 、电 话:扬州市江洲路101号　87991530 开户行及账号:市工行城东办　1108020209007654321					密码区		
货物或应税劳务名称		规格型号	单位	数量	单价	金额	税率	税额
*无形资产*特许经营权				1	500 000.00	5 000.00	6%	3 000.00
合　计						¥50 000.00		¥3 000.00
价税合计(大写)柒仟零贰拾元整					(小写)¥7 020.00			
销售方	名　　称:华润公司 纳税人识别号:321812134567234Y 地 址 、电 话:扬州市泰州路125号　0514-88502345 开户行及账号:市工行东关分理处　1108020209034566135					备注	华润公司 321812134567234697 发票专用章	

第三联　发票联

收款人:　　复核:　　开票人:李梅　　销售方:(章)

表 5-2　捐赠协议(摘要)

捐赠协议(摘要)

为支持润扬机械股份有限公司的发展,甲、乙双方经友好协商,达成以下捐赠协议:

一、甲方自愿向乙方捐赠特许使用权 A,评估价值为 50 000 元,使用年限为10年。

二、甲方承诺本捐赠为具有支配权的合法财产。

三、甲方承诺于 2018 年 5 月 4 日前将特许使用权 A 移交乙方。

四、乙方承诺按捐赠者的意愿和有关规定管理、使用捐赠资产,并为捐赠者查询捐赠资产的使用、管理情况提供条件。

甲方(签章):华润公司　　　　乙方签章:润扬机械股份有限公司

2018 年 5 月 4 日　　　　2018 年 5 月 4 日

表 5-3　捐赠资产交接单

捐赠资产交接单

2018 年 05 月 04 日　　　　编号:12853

资产名称	规格	单位	数量	预计使用年限	已使用年限	发票价格或重置价格	已摊销额	净值	备注
特许权 A			1	5	0	50 000.00	0	50 000.00	
捐赠人	华润公司 经手人:潘阳			被捐赠人	润扬机械股份有限公司 经手人:周华				

2. 5 月 6 日,将拥有的一项商标权出售,取得含税收入 318 000元,增值税税率 6%,城市维护建设税税率 7%,教育费附加税率 3%,见表 5-4～表 5-6。

表 5-4　无形资产出账通知单

无形资产出账通知单

2018 年 05 月 06 日　　　　编号:35790

类别	名称	数量	原值	月摊销额	使用年限	累计摊销额	出账原因
无形资产	商标权	1	220 000.00	0		0	出售

表 5-5 网上银行电子回单

中国工商银行 网上银行电子回单

电子回单号码：0021-2860-3305-3100 打印日期：2018 年 05 月 06 日

付款人	户 名	江苏金陵有限责任公司	收款人	户 名	润扬机械股份有限公司
	账 号	1108003812080100191		账 号	1108020209007654312
	开户银行	中国工商银行扬州市支行高桥分理处		开户银行	中国工商银行扬州市支行城东分理处
金 额		¥ 318,000.00	金额（大写）		叁拾壹万捌仟元整
摘 要		出售无形资产款项	业务（产品）种类		
用 途					
交易流水号		00000000	时间戳		2018-05-06-08.50.34
中国工商银行 电子回单专用章		备注： 验证码：CdAaBdDXymmoPad/xyab/ + cdeefD			
记账网点	00201	记账柜员	00002	记账日期	2018 年 05 月 06 日

重要提示：

1. 如果您是收款方，请到工行网站 www.icbc.com.cn 电子回单验证处进行回单验证。2. 本回单不作为收款方发货依据，并请勿重复记账。3. 您可以选择发送邮件，将此电子回单发送给指定的接收人。

表 5-6 江苏省增值税专用发票

江苏增值税专用发票

记 账 联

3200967889 No 07448463

开票日期：2018年05月06日

货物或应税劳务名称	规格型号	单位	数量	单价	金额	税率	税额
购货单位	名 称：江苏金陵有限责任公司 纳税人识别号：321812132062118A 地 址 、电 话：扬州市扬子路 108 号 开户行及账号：工行高桥分理处 00381208010019				密码区		
*无形资产*商标权			1	300 000.00	300 000.00	6%	18 000.00
合 计					¥300 000.00		¥18 000.00
价税合计（大写）叁拾壹万捌仟元整				（小写）¥318 000.00			
销货单位	名 称：润扬机械股份有限公司 纳税人识别号：321812132062219T 地 址 、电 话：扬州市江州路 101 号 开户行及账号：工行城东办 1108020209007654321				备注	润扬机械股份有限公司 913210024567810890 发票专用章	

第一联 记账联

收款人：洪涛 复核：张燕 开票人：刘倩 销售方：（章）

3. 5 月 10 日，购买技术并支付验资费，见表 5-7 ~ 表 5-12。

表 5-7　验资报告

江苏金陵会计师事务所

验　资　报　告

我接受润扬机械股份有限公司、上海光华科技公司委托，对其申报机床自控技术进行验资，经验资核实，并附验资证明。

江苏金陵会计师事务所
2015 年 05 月 10 日
地址：扬州市国庆路 118 号
邮编：225000

表 5-8　上海市增值税普通发票

上海增值税普通发票

上海 发票联 国家税务局监制

3200967893　　　　No 07448481

开票日期：2018年05月10日

购货单位	名　　称：润扬机械股份有限公司 纳税人识别号：321812132062219T 地 址 、电 话：扬州市江州路 101 号 87991530 开户行及账号：工行城东办 1108020209007654321				密码区			
货物或应税劳务名称	规格型号	单位	数量	单价	金额	税率	税额	
*无形资产*机床自控技术			1	55 600.00	55 600.00	0%	0	
合　计					¥55 600.00		0	
价税合计（大写）伍万伍仟陆佰元整					（小写）¥55 600.00			
销货单位	名　　称：上海光华科技公司 纳税人识别号：321812132062235E 地 址 、电 话：上海市长宁路 201 号 开户行及账号：上海工行闸北办 1100381208010019456				备注	上海光华科技公司 160845235626456302 发票专用章		

第三联 发票联

收款人：李江　　复核：卜宏　　开票人：刘严　　销售方：（章）

表 5-9　验资证明

验 资 证 明

被验单位：上海光华科技公司

投资项目		金 额	投资单位	资金来源	经济性质	附注
流动资金						技术说明书、技术图纸、专有技术证书复印件
固定资金						
其他资金	无形资产	55 600.00	上海光华科技公司			
	自控技术					
合　计		人民币（大写）伍万伍仟陆佰元整（￥55 600.00）				
实有投资总额		人民币（大写）伍万伍仟陆佰元整（￥55 600.00）				
说明事项		两个单位由于发生此项专有技术交易，经验资确认其技术资金含量，并以此为交易价格。				

验资单位：江苏金陵会计师事务所（章）　　　　注册会计师：徐　明（签章）

2018 年 05 月 10 日

表 5-10　江苏增值税专用发票

3200963123　　**江苏增值税专用发票**　　№ 074456789

（印章：全国统一发票监制章 江苏 国家税务局监制）

发 票

开票日期：2018 年 05 月 10 日

购买方	名　　称：润扬机械股份有限公司 纳税人识别号：321812132062219T 地 址 、电 话：扬州市江洲路 101 号　87991530 开户行及账号：市工行城东办　1108020209007654321				密码区		
货物或应税劳务名称	规格型号	单位	数量	单价	金额	税率	税额
*现代服务*鉴汇咨询服务			1		400.00	6%	24.00
合　计					¥400.00		¥24.00
价格合计(大写)肆佰贰拾肆元整					(小写)¥424.00		
销售方	名　　称：江苏金陵会计师事务所 纳税人识别号：321812135034567R 地 址 、电 话：扬州市文昌路 188 号　0514-87651588 开户行及账号：市工行邗江支行　1108020209135878785				备注	江苏金陵会计师事务所 456781089012308311 发票专用章	

第三联 发票联

收款人：　　复核：　　开票人：李红　　销售方：(章)

表 5-11　网上银行电子回单

中国工商银行　　网上银行电子回单

电子回单号码：0021-2860-3302-3150　　打印日期：2018 年 05 月 10 日

付款人	户　名	润扬机械股份有限公司	收款人	户　名	上海光华科技公司
	账　号	1108020209007654321		账　号	1100381208010019456
	开户银行	中国工商银行扬州市支行城东分理处		开户银行	上海工行闸北办
金　额		¥ 55,600.00	金额(大写)		伍万伍仟陆佰元整
摘　要		购技术	业务(产品)种类		
用　途					
交易流水号		00000000	时间戳		2018-05-10. 09. 13. 56
中国工商银行 电子回单专用章		备注： 验证码：XAabxyCDacdeff/KQRST/wxyab +			

记账网点	00201	记账柜员	00002	记账日期	2018 年 05 月 10 日

重要提示：

1. 如果您是收款方，请到工行网站 www. icbc. com. cn 电子回单验证处进行回单验证。2. 本回单不作为收款方发货依据，并请勿重复记账。3. 您可以选择发送邮件，将此电子回单发送给指定的接收人。

表 5-12　网上银行电子回单

中国工商银行　　网上银行电子回单

电子回单号码：0021-2860-3302-3151　　　　打印日期：2018 年 05 月 10 日

付款人	户　名	润扬机械股份有限公司	收款人	户　名	江苏金陵会计事务所
	账　号	1108020209007654321		账　号	1108020209135878785
	开户银行	中国工商银行扬州市支行城东分理处		开户银行	中国工商银行扬州市邗江区支行
金　额		¥ 424.00	金额（大写）		肆佰贰拾肆元整
摘　要		支付验资费	业务（产品）种类		
用　途					
交易流水号		00000000	时间戳		2018-05-10. 09. 30. 45
中国工商银行 电子回单 专用章		备注：			
		验证码：YZABMnabcddxyOP/Stxykaa/deft			

记账网点	00201	记账柜员	00002	记账日期	2018 年 05 月 10 日

重要提示：

1. 如果您是收款方，请到工行网站 www. icbc. com. cn 电子回单验证处进行回单验证。2. 本回单不作为收款方发货依据，并请勿重复记账。3. 您可以选择发送邮件，将此电子回单发送给指定的接收人。

4. 5 月 31 日，特许使用权 A 按10年摊销，见表 5-13。

表 5-13　无形资产摊销计算表

无形资产摊销计算表

2018 年 05 月 31 日

无形资产名称	原　值	使用年限	本月摊销额
特许使用权 A	50 000.00	10 年	

5. 5 月 31 日，结转损益类账户金额到本年利润账户，见表 5-14。

表 5-14　损益类账户本期发生额汇总表

损益类账户本期发生额汇总表

收入类账户	本月发生额	支出类账户	本月发生额
资 产处置损益	78 200.00	管理费用	416.67
营业外收入	53 000.00		

实验6　流动负债核算实验

一、实验目的

通过实验使学生掌握流动负债的核算方法，熟悉短期借款利息的计算及应付职工薪酬的核算方法等。

二、实验程序和要求

1. 根据原始凭证编制记账凭证。
2. 编制职工薪酬计算表及利息费用计算表。
3. 撰写实验报告。

三、实验资料

润扬机械股份有限公司2018年6月主要业务资料如下：

1. 6月1日，润扬机械股份有限公司取得小型技术措施借款，见表6-1。

表6-1　借款凭证

借款借据

单位编号：　　借款日期：2018年06月01日　　借据编号：2234268

收款单位	名称	润扬机械股份有限公司	借款单位	名称	中国工商银行扬州市支行
	结算户账号	110802020900765 4321		贷款户账号	345698784567 54321
	开户银行	中国工商银行扬州市支行城东分理处		开户银行	扬州市工行城东分理处

借款金额	人民币壹万伍仟元整	千	百	十	万	千	百	十	元	角	分
				¥	1	5	0	0	0	0	0

借款原因及用途	小型技术措施借款	批准借款利率	月息　8.33‰

期次	计划还款日期	计划还款金额
1	2018年8月31日	¥15 375.00

借款单位盖章

（印章：中国工商银行扬州市支行城东分理处 2018.06.01 转讫 (3)）

（印章：润扬机械股份有限公司 45678103456 财务专用章）

信贷员 张山　科(股)长 陆亮　行(处)长 徐晶

2. 6 月 20 日，发放工资，见表 6-2、表 6-3。

表 6-2　网上银行电子回单

中国工商银行　　网上银行电子回单（补打）

电子回单号码：0021-2860-3305-3320　　　　打印日期：第 1 次补打

付款人	户　名	润扬机械股份有限公司	收款人	户　名	润扬机械股份有限公司
	账　号	1108020209654321		账　号	1108020209653427
	开户银行	中国工商银行扬州市支行城东分理处		开户银行	中国工商银行扬州市支行城东分理处
金　额		￥96,199.1	金额（大写）		玖万陆仟壹佰玖拾玖元壹角整
摘　要		工资	业务（产品）种类		同城转账
用　途					
交易流水号		04456781	时间戳		2018-06-20.08.30
中国工商银行 电子回单 专用章		备注： 工资、指令编号：HQP1862647385 最终授权人：282354200	提交人：HWAB003		
		验证码：mtlxh/oxQG032MnWoRh26TLB6Wst			
记账网点	00201	记账柜员	00002	记账日期	2018 年 06 月 20 日

重要提示：

1. 如果您是收款方，请到工行网站 www.icbc.com.cn 电子回单验证处进行回单验证。2. 本回单不作为收款方发货依据，并请勿重复记账。3. 您可以选择发送邮件，将此电子回单发送给指定的接收人。

表 6-3　工资结算汇总表

工资结算汇总表

2018 年 06 月 20 日

部门	项目	标准工资	考勤奖	津贴			缺勤工资		合理化建议奖	交通补助费	应付工资	代扣款项					实发工资
				副食补贴	回民补贴	夜班津贴	病假	事假				住房公积金（9%）	养老保险（8%）	医疗保险（2%）	失保金（0.5%）	小计	
铸造车间	生产工人	18 430	3 300	2 750	50		200	400	1 200	900	26 030	2 342.70	2 082.40	520.60	130.15	5 075.85	20 954.15
	管理人员	2 340	100	150			30	45	110	60	2 685	241.65	214.80	53.70	13.43	523.58	2 161.42
机加工车间	生产工人	19 560	4 000	2 840	60	220	140	360	1 400	1 200	28 780	2 590.20	2 302.40	575.60	143.90	5 612.10	23 167.90
	管理人员	3 100	240	260			20	40	160	90	3 790	341.10	303.20	75.80	18.59	739.05	3 050.95
金工车间	生产工人	14 270	2 500	2 100		320	150	320	1 030	620	20 370	1 833.30	1 629.60	407.40	101.85	3 972.15	1 6397.85
	管理人员	2 100	160	135			10	30	90	46	2 491	224.19	199.28	49.82	12.46	485.75	2 005.25
装配车间	生产工人	5 560	640	430			30	70	210	124	6 864	617.76	549.12	137.28	34.32	1 338.48	5 525.52
	管理人员	700	35	46			5	6	20	12	802	72.18	64.16	16.04	4.01	156.39	645.61
机修车间	生产工人	6 400	1 500	430			140	300	760	370	9 020	811.80	721.60	180.40	45.10	1 758.90	7 261.10
	管理人员	1 200	90	75			15	20	60	30	1 420	127.80	113.60	28.40	7.10	276.90	1 143.10
厂部		6 680	1 020	840	40		100	150	540	270	9 140	822.60	731.20	182.80	45.70	1 782.30	7 357.70
医务福利部门		1 840	120	100			20	40	60	30	2 090	188.10	167.20	41.80	10.45	407.55	1 682.45
销售机构		2 000	300	150					70	20	2 540	228.60	203.20	50.80	12.70	495.30	2 044.70
运输队		3 000	200	180			10		80	30	3 480	313.20	278.40	69.60	17.40	678.60	2 801.40
合计		87 180	14 205	10 486	150	540	870	1 781	5 790	3 802	119 502	10 755.18	9 560.16	2 390.04	597.52	23 302.90	96 199.10

3. 6 月 30 日,计提、分配职工薪酬,见表 6-4。

表 6-4 职工薪酬分配表

职工薪酬分配表

薪酬 部门	工资总额	职工福利费(14%)	社会保险费(30%)	住房公积金(9%)	工会经费(2%)	职工教育经费(8%)	合计
基本生产车间	92 484						
车间管理部门	9 768						
行政管理部门	9 140						
运输队	3 480						
医务福利部门	2 090						
销售部门	2 540						
合计	119 502						

4. 6 月 30 日,支付职工住院补助,见表 6-5。

表 6-5 申请书

申 请 书

公司领导:

本人因工伤需住院治疗,特申请住院伙食补助 500 元整,请批准。

申请人:王刚

2018.6.30

现金付讫

该同志情况属实,同意给予补助 500 元整。

李 俊

2018.6.30

5. 6 月 30 日,计提小型技术措施借款利息,见表 6-6。

表 6-6 利息费用计算表

利息费用计算表

2018 年 06 月 30 日

费用种类	会计科目		计算过程	金 额
	总账科目	明细账科目		
小型技术措施借款(年利率 10%)	财务费用	利息		
	应付利息			

6. 6月30日，交纳本月应缴增值税90 000元，见表6-7、表6-8。

表6-7 电子缴税凭证

中华人民共和国
电子缴税（费）凭证

打印日期：2018年06月30日　　　　税 10201830015250

纳税人代码	91321000755980856L				主管税务机关	扬州市广陵区国税局			
纳税人全称	润扬机械股份有限公司				开户银行	中国工商银行扬州市支行城东分理处			
缴款人名称	润扬机械股份有限公司				银行账号	1108020209007654321			
社保代码									
电子缴款书号	征收项目名称	征收品目名称	征收子目名称	所属时间	实缴金额	缴款日期	税款属性	国库	备注
320180412000481235	增值税	货物		20180601—20180630	90 000.00	20180630		国家金库广陵区支库	
金额合计	人民币玖万元整				¥90 000.00				
注：					（套印征收专用章）				

国家税务总局江苏省税务局 电子缴款专用章

表6-8 工行电子缴税付款凭证

中国工商银行　　电子缴税付款凭证

转账日期：2018年06月30日　　　　凭证字号

纳税人全称及纳税人识别号：润扬机械股份有限公司 321812132062219

付款人全称：润扬机械股份有限公司　　　征收机关名称：扬州市广陵区国税局

付款人账号：1108020209007654321　　　收款国库（银行）名称：国家金库广陵区支库

付款人开户银行：市工行城东办　　　缴款书交易流水号：29246850

小写（合计）金额：¥90 000.00　　　税票号码：320170622005900890

大写（合计）金额：人民币玖万元整

税（费）种名称	所属日期	实缴金额
增值税	20180601—20180630	90 000.00

中国工商银行扬州市支行城东分理处 2018.06.30 收讫 (1)

第　次打印　　　地区号　　　[打印时间]

第二联　作付款回单（无银行收讫章无效）复核　　　汇账：罗静　　柜台号：

7. 6月30日，结转损益类账户金额到本年利润账户，见表6-9。

表6-9　损益类账户本期发生额汇总表

损益类账户本期发生额汇总表

收入类账户	本月发生额	支出类账户	本月发生额
		其他业务成本	5 672.40
		管理费用	15 190.80
		销售费用	4 140.20
		财务费用	125.00

实验 7　长期负债核算实验

一、实验目的

通过实验使学生掌握长期负债的核算方法，熟悉长期借款、应付债券利息的计算及核算方法等。

二、实验程序和要求

1. 根据原始凭证编制记账凭证。

2. 编制利息费用计算表及应付债券折价摊销计算表等。

3. 撰写实验报告。

三、实验资料

润扬机械股份有限公司 2018 年 7 月主要业务资料如下：

1. 7 月 1 日，润扬机械股份有限公司为修建厂房，从银行取得 3 年期借款，贷款年利率 6%，见表 7-1、表 7-2。

表 7-1　抵押贷款合同

抵押贷款合同

合同编号:20180701

贷款抵押人:润扬机械股份有限公司,以下简称甲方;

贷款抵押权人:中国工商银行扬州市分行城东分理处,以下简称乙方。

甲方因生产需要,向乙方申请贷款作为修建厂房资金,双方经协商一致同意,甲方以资产作为抵押贷款条件,乙方提供双方商定的贷款额。为此,特订立本合同。

第一条　贷款内容

贷款总金额:300 万元整。

贷款期限:36 个月。自 2018 年 7 月 1 日起,至 2021 年 6 月 30 日止。

贷款年利率：6%

贷款用途:厂房修建资金。

第二条　抵押物事项(略)

第三条　甲乙双方义务(略)

第四条　违约责任(略)

第五条　其他规定(略)

第六条　有关本合同的费用承担(略)

第七条　本合同生效条件(略)

第八条　争议的解决(略)

本合同一式三份,甲乙双方各执一份,公证处留存一份。

甲方:	乙方:
润扬机械股份有限公司	中国工商银行扬州市分行城东分理处
代表人:张　康	代表人:刘　志
地址:略	地址:略
银行及账号:略	银行及账号:略
订立时间:2018 年 7 月 1 日	订立地点:略

表 7-2　借款借据

借款借据

单位编号：　　　　借款日期：2018 年 07 月 01 日　　　　借据编号：2235671

收款单位	名称	润扬机械股份有限公司	借款单位	名称	中国工商银行扬州市支行
	结算户账号	110802020900765432		贷款户账号	34569878456754321
	开户银行	工行扬州市支行城东分理处		开户银行	工行扬州市支行城东分理处

借款金额	人民币叁佰万元整	千	百	十	万	千	百	十	元	角	分
		¥	3	0	0	0	0	0	0	0	0

借款原因及用途	厂房修建	批准借款利率	月息　5‰

借款期限			
期次	计划还款日期	✓	计划还款金额
1	2021 年 06 月 30 日		¥35 400 000.00

中国工商银行扬州市支行城东分理处　2018.07.01　转讫（2）

借款单位盖章　　　　信贷员 张山　科(股)长 陆亮　行(处)长 徐晶

2. 7 月 1 日，经国家批准，发行 3 年期公司债券筹集资金以扩大企业生产规模，收到卖出债券收入（经计算，债券实际年利率为 7.1%），见表 7-3 ~ 表 7-5。

表 7-3　公司债券发行方案(申请)批复书

公司债券发行方案(申请)批复书

一、为解决本公司扩大生产规模所需资金，决定发行企业债券。

二、本次公司债券的面值总额为 8 000 万元。

三、本次公司债券的面值为 1 000 元，为记名式债券。

四、本次公司债券发行价格：按债券面值的 95% 折价发行。

五、本次公司债券票面年利率为 5.2%。

六、本次公司债券偿还期限为 3 年，到期日为 2021 年 6 月 30 日。每半年付息一次，到期还本，不计复利。

七、本次公司债券的发行期间为 2018 年 7 月 1 日至 2020 年 6 月 30 日。

八、本次公司债券的承销机构为中国工商银行扬州市支行。

九、本公司发行资格(略)。

润扬机械股份有限公司董事会(印)　　　　批复单位(盖章)

润扬机械股份有限公司董事长(签名)　　　　批准文号：795948371

表 7-4　证券买入(债券认购/申购)委托单

中国工商银行　证券买入(债券认购/申购)委托单

企业债券　　　　　　　2018 年 07 月 01 日

客户填写			
客户名称		证券卡号	006013572469
被授权人姓名		市场代码	0446608
证券代码		证券名称	润扬机械股份有限公司债券
认购客户填写	申购客户填写	买入客户填写	
认购份额	申购金额	买入价格(元)	950
		买入数量(张)	80 000
银行打印			
交易名称		流水号	
委托日期	2018 年 07 月 01 日	证券卡号	006013572469
市场代码	0446608	证券代码	
证券名称	润扬机械股份有限公司债券		
单价(元)	950.00	面值总额(万元)	8 000.00
销售总金额(万元)	7 600.00		
到期日	2021 年 06 月 30 日	年利率(%)	5.2
操作员		银行印鉴	中国工商银行扬州市支行 城东分理处 2018.07.01 (3)

复核：马　进　　　　经办：黄　丽　　　　客户签名：张　康

表 7-5　特种转账贷方凭证

中国工商银行特种转账贷方凭证

2018 年 07 月 01 日

付款人	全　称	中国工商银行扬州市支行	收款人	全　称	润扬机械股份有限公司
	账号或地址	110802020900838205l		行　号	1108020209007654321
	开户银行	本行		开户银行	中国工商银行扬州市支行城东分理处

金额	人民币(大写)柒仟陆佰万元整	亿	千	百	十	万	千	百	十	元	角	分
		￥	7	6	0	0	0	0	0	0	0	0

原凭证金额		赔偿金	科　目(贷)______
原凭证名称		号码	对方科目(借)______
			事后监督
转账原因	债券款		复核　　记账 王平

中国工商银行扬州市支行城东分理处 2018.07.01 收讫 (1)

代借方凭证或支票通知

3．12 月 31 日，计提本年度长期借款 300 万元利息，编制银行长期贷款利息计算表（厂房正在修建中），见表 7-6。

表 7-6　长期贷款利息计算表

长期贷款利息计算表

2018 年 12 月 31 日

贷款项目	贷款金额	年利率	利息金额	备注
3 年期借款	3 000 000.00	6%		半年
合　计				

4．12 月 31 日，计提本年度应付债券利息，编制应付债券折价摊销计算表，见表 7-7。

表 7-7　应付债券折价摊销计算表

应付债券折价摊销计算表

计息日期	票面利息（1）	实际利息（2）	折价摊销（3）	未摊销折价（4）	摊余成本（5）
	（1）= 面值 × 票面利率	（2）= 上期（5）× 实际利率	（3）=（2）−（1）	（4）= 上期（4）−（3）	（5）= 上期（5）+（3）
2018.07.01					
2018.12.31					
2019.06.30					
2019.12.31					
2020.06.30					
2020.12.31					
2021.06.30					

实验 8　所有者权益核算实验

一、实验目的

通过实验使学生掌握所有者权益的核算，熟悉实收资本、资本公积的核算方法等。

二、实验程序和要求

1. 根据原始凭证编制记账凭证。

2. 撰写实验报告。

三、实验资料

润扬机械股份有限公司 2018 年 8 月主要业务资料如下：

1. 8 月 1 日，润扬机械股份有限公司为增加注册资本，接受华兴股份有限公司投资的 500 万元，见表 8-1、表 8-2。

表 8-1　投资协议书(摘要)

投资协议书(摘要)

投资单位：华兴股份有限公司

被投资单位：润扬机械股份有限公司

经双方协商，润扬机械股份有限公司同意接受华兴股份有限公司以货币资金投资，投资额为 5 000 000 元，享受润扬机械股份有限公司注册资本 20% 的股权，每年按此分配润扬机械股份有限公司的净利润。

投资人(签章)华兴股份有限公司　　接受投资人(签章)润扬机械股份有限公司

2018 年 8 月 1 日　　2018 年 8 月 1 日

表 8-2　网上银行电子回单

中国工商银行　　网上银行电子回单

电子回单号码：0021-2860-3302-2600　　　　打印日期：2018 年 08 月 01 日

<table>
<tr><td rowspan="3">付款人</td><td>户　名</td><td>华兴股份有限公司</td><td rowspan="3">收款人</td><td>户　名</td><td>润扬机械股份有限公司</td></tr>
<tr><td>账　号</td><td>1108020201001912467</td><td>账　号</td><td>1108020209007654321</td></tr>
<tr><td>开户银行</td><td>中国工商银行南京市支行高桥分理处</td><td>开户银行</td><td>中国工商银行扬州市支行城东分理处</td></tr>
<tr><td colspan="2">金　额</td><td>¥ 5,000,000.00</td><td colspan="2">金额(大写)</td><td>人民币伍佰万元整</td></tr>
<tr><td colspan="2">摘　要</td><td>投资款</td><td colspan="2">业务(产品)种类</td><td></td></tr>
<tr><td colspan="2">用　途</td><td colspan="4"></td></tr>
<tr><td colspan="2">交易流水号</td><td>00000000</td><td colspan="2">时间戳</td><td>2018-08-01-09.25.48</td></tr>
<tr><td colspan="2" rowspan="2">中国工商银行
电子回单
专用章</td><td colspan="4">备注：</td></tr>
<tr><td colspan="4">验证码：MonopABabcd/eefwnop/eedf + wxy</td></tr>
<tr><td colspan="2">记账网点</td><td>00201　记账柜员　00002</td><td colspan="2">记账日期</td><td>2018 年 08 月 01 日</td></tr>
</table>

重要提示：

1. 如果您是收款方，请到工行网站 www. icbc. com. cn 电子回单验证处进行回单验证。2. 本回单不作为收款方发货依据，并请勿重复记账。3. 您可以选择发送邮件，将此电子回单发送给指定的接收人。

2. 8 月 5 日，润扬机械股份有限公司为增加注册资本，接受华润股份有限公司投资货币资金及车辆计 1 092 800 元，见表 8-3 ~ 表 8-6。

表 8-3　投资协议书(摘要)

投资协议书(摘要)

投资单位：华润股份有限公司

被投资单位：润扬机械股份有限公司

经双方协商，润扬机械股份有限公司同意接受华润股份有限公司以长安汽车 2 辆(确认含税价值计 92 800 元)和货币资金 1 000 000 元投资，投资总额为 1 092 800 元，享受润扬机械股份有限公司注册资本 5% 的股权，每年按此分配润扬机械股份有限公司的净利润。

投资人(签章)华润股份有限公司　　　　接受投资人(签章)润扬机械股份有限公司

2018 年 8 月 5 日　　　　2018 年 8 月 5 日

表 8-4 网上银行电子回单

中国工商银行　　网上银行电子回单

电子回单号码：0021-2860-3302-2675　　　　打印日期：2018 年 08 月 05 日

付款人	户　名	华润股份有限公司	收款人	户　名	润扬机械股份有限公司
	账　号	1108020201004950132		账　号	1108020209007654321
	开户银行	中国工商银行扬州市支行城北分理处		开户银行	中国工商银行扬州市支行城东分理处
金　额		￥ 1,000,000.00	金额(大写)		人民币壹佰万元整
摘　要		投资款	业务(产品)种类		
用　途					
交易流水号		00000000	时间戳		2018-08-05-10. 35. 20
中国工商银行 电子回单专用章		备注： 验证码：CcMNdefoabdexyzab/ABEFad/xoP			

记账网点	00201	记账柜员	00002	记账日期	2018 年 08 月 05 日

重要提示：

1. 如果您是收款方，请到工行网站 www. icbc. com. cn 电子回单验证处进行回单验证。2. 本回单不作为收款方发货依据，并请勿重复记账。3. 您可以选择发送邮件，将此电子回单发送给指定的接收人。

表 8-5 江苏省增值税专用发票

江苏增值税专用发票

全国统一发票监制章 江苏 国家税务局监制

32009673968　　　　No 07448895

开票日期：2018 年 08 月 05 日

购货单位	名　　称：润扬机械股份有限公司 纳税人识别号：321812132062219T 地 址 、电 话：扬州市江州路 101 号 87991530 开户行及账号：工行城东办 1108020209007654321	密码区	

货物或应税劳务名称	规格型号	单价	数量	单价	金额	税率	税额
* 机动车 * 长安面包车			2	40 000.00	80 000.00	16%	12 800.00
合　计					￥80000.00		￥12 800.00
价税合计(大写)玖万贰仟捌佰元整				(小写)￥92 800.00			

销货单位	名　　称：华润股份有限公司 纳税人识别码：321812132062239Y 地 址 、电 话：扬州市瘦西湖北路 29 号 开户行及账号：工行扬州支行城北分理处 1100381208010019456	备注	华润股份有限公司 160845235626732583 发票专用章

收款人：李广　　复核：陆宏　　开票人：王严　　销售方：(章)

第三联 发票联

表 8-6　固定资产验收交接单

固定资产验收交接单

2018 年 08 月 05 日

资产型号	资产名称	型号规格或结构面积	计量单位	数量	设备价值或造价	安装费用	附加费用	合计
	长安面包车		辆	2	80 000	/	/	80 000
资产来源		投资	耐用年限		10		主要附属设备	
制造厂名		重庆长安汽车公司	估计年限		10			
制造日期及编号		2017.9.1	基本折旧率		9.5%			
工程项目或使用部门		采购部	估计残值		4 000			

本单分送财务部门交接双方及上级资产管理部门

交验部门主管：周　珊　　点交人：赵　华　　接管部门主管：赵　志　　接管人：吴　明

3. 8 月 20 日，润扬机械股份有限公司经股东大会决议，并经有关部门批准，用资本公积 4 000 000 元转增资本，转增比例为：润泽股份有限公司 60%、扬子股份有限公司 15%、华兴股份有限公司20%、华润有限公司 5%，见表 8-7。

表 8-7　资本公积转增资本方案表

润扬机械股份有限公司资本公积转增资本方案表

为增加公司资本实力，根据公司股东会【2018】10 号决议，公司决定用资本公积 4 000 000 元按原投资各方的投资比例转增资本。具体方案如下：

2018 年 08 月 20 日

项　目	金　额	项　目	金　额
转增资本总额	4 000 000.00	华兴股份有限公司	800 000.00
润泽股份有限公司	2 400 000.00	华润股份有限公司	200 000.00
扬子股份有限公司	600 000.00		注：股东会决议另附

4．4 月 30 日，润扬机械股份有限公司 2017 年实现净利润 3 000 000 元，公司董事会提出当年利润分配方案，拟对 2017 年实现的净利润进行分配，见表 8-8。

表 8-8　董事会利润分配方案决议

润扬机械股份有限公司关于利润分配的董事会决议

一、会议日期：2018 年 4 月 30 日
二、会议地点：有限公司视频会议室
三、出席人员：公司全体董事
四、会议主持：董事长
五、会议决议事项：

经董事会全体董事一致通过，做出如下决定：

鉴于公司 2017 年税后净利润为 3 000 000 元，其中提取法定盈余公积 300 000 元（税后利润的 10%的比例提取），提取任意盈余公积 450 000 元（税后利润的 15% 的比例提取），可分配利润为 2 250 000 元。

现决定将其中的 1 500 000 元分配给投资者；分配后尚余可分配利润 750 000 元，暂不分配。一致同意上述决议事项。特此决议！

全体董事签名：李正、刘林、姚远、王荣平、张山、黄贤东、李梅

实验9　收入核算实验

一、实验目的

通过实验使学生理解收入的确认条件，掌握各种收入的计量、凭证手续及核算方法。

二、实验程序和要求

1. 根据原始凭证编制记账凭证。

2. 根据实验资料开设“主营业务收入”“其他业务收入”明细账，登记本期发生额。

3. 撰写实验报告。

三、实验资料

润扬机械股份有限公司2018年9月份发生以下经济业务：

1. 9月1日，收到一笔上月销售商品货款，见表9-1。

表9-1　网上银行电子回单

中国工商银行　　网上银行电子回单

电子回单号码：0021-2860-3302-3002　　　　打印日期：2018年09月01日

付款人	户　名	泰州市易讯公司	收款人	户　名	润扬机械股份有限公司
付款人	账　号	3108030209007450000	收款人	账　号	1108020209007654321
付款人	开户银行	中国交通银行泰州市支行高港分理处	收款人	开户银行	中国工商银行扬州市支行城东分理处
金　额		￥127,921.00	金额(大写)		壹拾贰万柒仟玖佰贰拾壹元整
摘　要		销售A产品货款	业务(产品)种类		
用　途					
交易流水号		03452718	时间戳		2018-09-01-10.52.33.236598
中国工商银行 电子回单专用章		备注： 验证码：sdDFD/efbdC02356teERS/23der=			
记账网点	20101	记账柜员	2	记账日期	2018年09月01日

重要提示：

1. 如果您是收款方，请到工行网站 www.icbc.com.cn 电子回单验证处进行回单验证。2. 本回单不作为收款方发货依据，并请勿重复记账。3. 您可以选择发送邮件，将此电子回单发送给指定的接收人。

2. 9月1日，销售产品，收到货款，见表9-2、表9-3。

表 9-2　江苏增值税专用发票

3200173320　　**江苏增值税专用发票**　　№ 18057301　　3200173320 18057301

（印章：全国统一发票监制章 江苏 国家税务局监制）

机器编号：499098669645　　　　开票日期：2018 年 09 月 01 日

购买方	名　　称：扬天公司 纳税人识别号：320054640801358H 地 址 、电 话：扬州市开发路 362 号 开户行及账号：中国工商银行扬州市支行新城分理处　1108020209007456232	密码区	03 * 3187 <4/ +8490 < +95 −59 +7 <243 4987 <0— >> −6 >525 <693719 −>7 * 7 87 * 3187 <4/ +8490 < +95708681380 9 <712/ <1 +9016 >6906 ++>84 >93/ −

货物或应税劳务、服务名称	规格型号	单位	数量	单价	金额	税率	税额
*小型起重设备*A 产品		件	800	100.00	80 000.00	16%	12 800.00
*交通运输设备*B 产品		件	200	75.00	15 000.00	16%	2 400.00
合计					¥95 000.00		¥15 200.00
价税合计(大写)	⊗壹拾壹万零贰佰元整				(小写)¥110 200.00		

销售方	名　　称：润扬机械股份有限公司 纳税人识别号：32181213206229T 地 址 、电 话：扬州市江洲路 101 号　87991530 开户行及账号：中国工商银行扬州市支行城东分理处 1108020209007654321	备注	（印章：润扬机械股份有限公司 913210024567810890 发票专用章）

收款人：黄敏　　复核：吴洁　　开票人：罗静　　销售方：(章)

第一联　记账联　销售方记账凭证

表 9-3　网上银行电子回单

中国工商银行　　网上银行电子回单

电子回单号码：0021-2860-3302-3005　　　　打印日期：2018 年 09 月 01 日

付款人	户　名	扬天公司	收款人	户　名	润扬机械股份有限公司
	账　号	1108020209007456232		账　号	1108020209007654321
	开户银行	中国工商银行扬州市支行新城分理处		开户银行	中国工商银行扬州市支行城东分理处
金　额		¥ 110,200.00	金额(大写)		壹拾壹万零贰佰元整
摘　要		销售 A、B 产品货款	业务(产品)种类		
用　途					
交易流水号		03452728	时间戳		2018-09-01-11.52.33.236678
（印章：中国工商银行 电子回单专用章）		备注： 验证码：sdDFD/efbdC02378teERS/23dSE =			

记账网点	20101	记账柜员	2	记账日期	2018 年 09 月 01 日

重要提示：

1. 如果您是收款方，请到工行网站 www.icbc.com.cn 电子回单验证处进行回单验证。2. 本回单不作为收款方发货依据，并请勿重复记账。3. 您可以选择发送邮件，将此电子回单发送给指定的接收人。

3. 9月8日，销售产品，收到银行承兑汇票，见表9-4、表9-5。

表9-4　江苏增值税专用发票

3200173320　　**江苏增值税专用发票**　　№ 18057302　　3200173320 18057302

（全国统一发票监制章　江苏　国家税务局监制）

机器编号：499098669645　　　　开票日期：2018年09月08日

购买方	名　　称：上海市易讯公司 纳税人识别号：310113695827281Y 地 址 、电 话：上海市迎新路363号 开户行及账号：中国工商银行上海市分行闵行分理处 3108020209007456238	密码区	03 * 3187 <4/ +8490 < +95 -59 +7 <243 4987 <0— >> -6 >525 <693719 ->7 *7 87 * 3187 <4/ +8490 < +95708681380 9 <712/ <1 +9016 >6906 ++>84 >93/ -

货物或应税劳务、服务名称	规格型号	单位	数量	单价	金额	税率	税额
*小型起重设备*A产品		件	2 000	98.00	196 000.00	16%	31 360.00
*交通运输设备*B产品		件	6 000	76.00	456 000.00	16%	72 960.00
合计					¥652 000.00		¥104 320.00
价税合计(大写)	⊗柒拾伍万陆仟叁佰贰拾元整				(小写)¥756 320.00		

销售方	名　　称：润扬机械股份有限公司 纳税人识别号：321812132062219T 地 址 、电 话：扬州市江洲路101号　87991530 开户行及账号：中国工商银行扬州市支行城东分理处 1108020209007654321	备注	（润扬机械股份有限公司 913210024567810890 发票专用章）

收款人：黄敏　　　　复核：吴洁　　　　开票人：罗静　　　　销售方：(章)

第一联　记账联　销售方记账凭证

表9-5　电子银行承兑汇票

电子银行承兑汇票

出票日期：2018-09-08　　　　票据状态：

汇票到期日：2018-03-08　　　　票据号码：130131200672220180908249285467

出票人	全称	上海市易讯公司	收款人	全称	润扬机械股份有限公司
	账号	3108020209007456238		账号	1108020209007654321
	开户银行	中国工商银行上海市分行闵行分理处		开户银行	中国工商银行扬州市支行城东分理处

出票保证信息	保证人名称：　　保证人地址：　　保证日期：												
票据金额	人民币(大写) 柒拾伍万陆仟叁佰贰拾元整	十	亿	千	百	十	万	千	百	十	元	角	分
					¥	7	5	6	3	2	0	0	0

承兑人信息	全称	中国工商银行上海市分行闵行分理处	开户行行号	310802020900
	账号	0	开户行名称	市工行闵行分理处

交易合同号		承兑信息	出票人承诺：本汇票请予以承兑，到期无条件付款
能否转让	可以转让		承兑人承兑：本汇票已经承兑，到期无条件付款 承兑日期：2018/09/08
承总保证信息	保证人名称：　　保证人地址：　　保证日期：		

评级信息(由出票人、承兑人自己记载，仅供参考)	出票人	评级主体：	信用等级：	评级到期日：
	承兑人	评级主体：	信用等级：	评级到期日：

4. 9月10日，根据销售合同，预收部分货款，见表9-6、表9-7。

表9-6　产品销售合同

产品销售合同

甲方：润扬机械股份有限公司

乙方：扬州市金方园公司

甲、乙双方经协商达成如下产品购销协议：

一、甲方向乙方出售A型产品8 000件，不含税售价人民币柒拾陆万元整。

二、合同签订日，乙方向甲方预付不含税售价人民币40%的货款。

三、甲方在合同签订之日起15日内向乙方发货，乙方在甲方发货并验收后3日内支付价税余款。

润扬机械股份有限公司 合同专用章

甲方：法人代表及单位公章

2018年9月10日

扬州市金方园公司 合同专用章

乙方：法人代表及单位公章

2018年9月10日

表9-7　网上银行电子回单

中国工商银行　　网上银行电子回单

电子回单号码：0021-2860-3302-3085　　　　打印日期：2018年09月10日

付款人	户　名	扬州市金方园公司	收款人	户　名	润扬机械股份有限公司
	账　号	1108020209007456239		账　号	1108020209007654321
	开户银行	中国工商银行扬州市支行新城分理处		开户银行	中国工商银行扬州市支行城东分理处
金　额		￥304,000.00	金额(大写)		叁拾万肆仟元整
摘　要		预收销售A产品货款	业务(产品)种类		
用　途					
交易流水号		03456628	时间戳		2018-09-10-11.25.33.238874
中国工商银行 电子回单专用章		备注：			
		验证码：DDDFD/efbdC02578teERS/23dAE =			
记账网点	20101	记账柜员	2	记账日期	2018年09月10日

重要提示：

1. 如果您是收款方，请到工行网站www.icbc.com.cn电子回单验证处进行回单验证。2. 本回单不作为收款方发货依据，并请勿重复记账。3. 您可以选择发送邮件，将此电子回单发送给指定的接收人。

5. 9月15日，销售产品，办妥托收手续，并代垫运费，见表9-8～表9-11。

表 9-8　江苏增值税专用发票

3200173320　　**江苏增值税专用发票**　　№ 18057303　　3200173320 18057303

全国统一发票监制章 江苏 国家税务局监制

机器编号：499098669645　　　　开票日期：2018 年 09 月 15 日

购买方	名　　称：泰州市易讯公司 纳税人识别号：310113695827212Y 地址、电话：泰州市高港路 125 号 开户行及账号：中国工商银行泰州支行高港分理处 3108030209007456238	密码区	03 * 3187 <4/ +8490 < +95 -59 +7 <243 4987 <0— >> -6 >525 <693719 ->7 * 7 87 * 3187 <4/ +8490 < +95708681380 9 <712/ <1 +9016 >6906 ++>84 >93/ -

货物或应税劳务、服务名称	规格型号	单位	数量	单价	金额	税率	税额
*小型起重设备*A 产品		件	6 000	98.00	588 000.00	16%	94 080.00
*交通运输设备*B 产品		件	9 000	75.00	675 000.00	16%	108 000.00
合计					¥1 263 000.00		¥202 080.00
价税合计(大写)	⊗壹佰肆拾陆万伍仟零捌拾元整　（小写）¥1 465 080.00						

销售方	名　　称：润扬机械股份有限公司 纳税人识别号：321812132062219T 地址、电话：扬州市江洲路 101 号　87991530 开户行及账号：中国工商银行扬州市支行城东分理处 1108020209007654321	备注	润扬机械股份有限公司 913210024567810890 发票专用章

收款人：黄敏　　复核：吴洁　　开票人：罗静　　销售方：(章)

第一联　记账联　销售方记账凭证

表 9-9　网上银行电子回单

中国工商银行　　网上银行电子回单

电子回单号码：0021-2860-3302-4250　　　　打印日期：2018 年 09 月 15 日

付款人	户　名	润扬机械股份有限公司	收款人	户　名	扬州市长运公司
	账　号	1108020209007654321		账　号	1108020269007684181
	开户银行	中国工商银行扬州市支行城东分理处		开户银行	中国工商银行扬州市支行汶河分理处
金　额		¥ 1,500.00	金额(大写)		壹仟伍佰元整
摘　要		代垫销售 A、B 产品运费	业务(产品)种类		
用　途					
交易流水号		03434822	时间戳		2018-09-15-14.25.33.237536
中国工商银行 电子回单专用章		备注： 验证码：DSDFD/efASC02578tSWRS/23dAER			

记账网点	20101	记账柜员	2	记账日期	2018 年 09 月 15 日

重要提示：

1. 如果您是收款方，请到工行网站 www.icbc.com.cn 电子回单验证处进行回单验证。2. 本回单不作为收款方发货依据，并请勿重复记账。3. 您可以选择发送邮件，将此电子回单发送给指定的接收人。

表 9-10　托收凭证(受理回单)

托收凭证(受理回单)　　1

委托日期：2018 年 10 月 15 日

业务类型	委托收款(□邮划、□电划)　托收承付(□邮划、☑电划)							
付款人	全称	泰州市易讯公司		收款人	全称	润扬机械股份有限公司		
	账号	3108030209007456236			账号	1108020209007654321		
	地址	江苏省泰州市县	开户行：中国工商银行泰州支行高港分理处		地址	江苏省扬州市县	开户行：中国工商银行扬州市支行城东分理处	
金额	人民币(大写)	壹佰肆拾陆万陆仟伍佰捌拾元整			亿 千 百 十 万 千 百 十 元 角 分	￥ 1 4 6 6 5 8 0 0 0		
款项内容	销售产品并代垫运费	托收凭证名称	托收承付		附寄单据张数	3		
商品发运情况	已发出				合同凭证号码	201809015		
备注： 复核　记账		款项收妥日期 年　月　日			中国工商银行扬州市支行城东分理处 回单 (2) 2018 年 10 月 15 日			

此联作收款人开户银行给收款人的受理回单

表 9-11　发货通知单

发货通知单

日期：2018 年 09 月 15 日

签发人	李林时	合同号	201809015
运输方式	汽运	采购单号	
运费处理方法	由供方代垫	到站	江苏泰州
销售部意见 同意发货 签名：黄子林 2018 - 09 - 15			
发货完成情况 送货上门 发货员：陈森林			
运输方式	送货	供方承担运费	/
		客户承担运费	✓
备注			

收货单位	泰州市易讯公司				
地址	泰州市高港路 125 号				
联系人	刘青天	电话	0523-85263562		
		传真	0523-85263562		
货物名称	规格	数量	单位	单价	合计
A 产品		6 000	件	98	588 000.00
B 产品		9 000	件	75	675 000.00
合计					￥1 263 000.00
仓库提货情况 已提货 陈森林 2018 - 09 - 15					

6. 9 月 18 日，赊销，产品已经发出，见表 9-12、表 9-13。

表 9-12　江苏增值税专用发票

3200173320　　江苏增值税专用发票　　№ 18057304　　3200173320　18057304

（全国统一发票监制章　江苏　国家税务局监制）　此联不作报销、扣税凭证使用（账）

机器编号：499098669645　　开票日期：2018 年 09 月 18 日

购买方	名　　称：扬州市信义有限责任公司 纳税人识别号：310113695827222X 地 址 、电 话：扬州市通港路 128 号 开户行及账号：中国工商银行扬州市支行城东分理处　3108030209007456295	密码区	03 * 3187 <4/ +8490 < +95 -59 +7 <243 4987 <0— >> -6 >525 <693719 ->7 * 7 87 * 3187 <4/ +8490 < +95708681380 9 <712/ <1 +9016 >6906 ++>84 >93/ -

货物或应税劳务、服务名称	规格型号	单位	数量	单价	金额	税率	税额
*小型起重设备*A 产品		件	6 000	98.00	588 000.00	16%	94 080.00
*交通运输设备*B 产品		件	9 000	75.00	675 000.00	16%	108 000.00
合计					¥1 263 000.00		¥202 080.00
价税合计（大写）	⊗壹佰肆拾陆万伍仟零捌拾元整　　（小写）¥1 465 080.00						

销售方	名　　称：润扬机械股份有限公司 纳税人识别号：321812132062219T 地 址 、电 话：扬州市江洲路 101 号　87991530 开户行及账号：中国工商银行扬州市支行城东分理处　1108020209007654321	备注	润扬机械股份有限公司 913210024567810890 发票专用章

收款人：黄敏　　复核：吴洁　　开票人：罗静　　销售方：（章）

第一联　记账联　销售方记账凭证

表 9-13　商业信用凭证

商业信用凭证

信用种类	赊销	付款单位	全称	扬州市信义有限责任公司
信用条件	2/10，1/20，n/30		账号	3108030209007456295
信用金额	¥1 465 080.00		开户行	中国工商银行扬州市支行城东分理处
金额大写：人民币壹佰肆拾陆万伍仟零捌拾元整				

财务负责人：张康　　购货单位经办人：张家义

7. 9 月 25 日，发出已预收款产品，见表 9-14。

表 9-14　江苏增值税专用发票

3200173320　　江苏增值税专用发票　　№ 18057305　　3200173320 18057305

（全国统一发票监制章 江苏 国家税务局监制）

机器编号：499098669645　　开票日期：2018 年 09 月 18 日

购买方	名　　称：扬州市金方园公司 纳税人识别号：310113695827333J 地 址 、电 话：扬州市柏林路 128 号 开户行及账号：中国工商银行扬州市支行新城分理处 1108020209007456239			密码区	03 * 3187 <4/ +8490 < +95 -59 +7 <243 4987 <0—>> -6 >525 <693719 ->7 * 7 87 * 3187 <4/ +8490 < +95708681380 9 <712/ <1 +9016 >6906 ++>84 >93/ -		
货物或应税劳务、服务名称	规格型号	单位	数量	单价	金额	税率	税额
*小型起重设备*A 产品		件	8 000	95.00	760 000.00	16%	121 600.00
合计					¥760 000.00		¥121 600.00
价税合计（大写）	⊗捌拾捌万壹仟陆佰元整				（小写）¥881 600.00		
销售方	名　　称：润扬机械股份有限公司 纳税人识别号：321812132062219T 地 址 、电 话：扬州市江洲路 101 号　87991530 开户行及账号：中国工商银行扬州市支行城东分理处 1108020209007654321			备注	润扬机械股份有限公司 913210024567810890 发票专用章		

收款人：黄敏　　复核：吴洁　　开票人：罗静　　销售方：（章）

第一联　记账联　销售方记账凭证

8. 9 月 26 日，与扬州市华联商贸公司签订委托代销协议，代销本公司 B 产品 2 000 件。货物已经发出，见表 9-15。

表 9-15　委托代销协议

委托代销协议

甲方：润扬机械股份有限公司

乙方：扬州市华联商贸公司

甲、乙双方经协商达成如下委托代销协议：

一、甲方委托乙方代销 B 型产品 2 000 件，协议价每件人民币 76 元，乙方必须按协议价销售，并按协议价与甲方结算。

二、甲方收到乙方的代销清单时根据协议价的 5% 与乙方结算代销手续费，并由乙方从结算货款中自行扣除。

三、乙方在提交代销清单之日起 5 日内向甲方支付剩余货款。

四、双方约定价税款采取网上转账结算。

甲方：法人代表及单位公章（润扬机械股份有限公司 合同专用章 1）　　乙方：法人代表及单位公章（扬州市华联商贸公司 合同专用章 1）

2018 年 9 月 26 日　　2018 年 9 月 26 日

9. 9 月 26 日，收到剩余款，见表 9-16。

表 9-16　网上银行电子回单

中国工商银行　　网上银行电子回单

电子回单号码：0021-2860-3302-5250　　　　打印日期：2018 年 09 月 28 日

付款人	户　名	扬州市金方园公司	收款人	户　名	润扬机械股份有限公司
	账　号	1108020209007456239		账　号	1108020209007654321
	开户银行	中国工商银行扬州市支行新城分理处		开户银行	中国工商银行扬州市支行城东分理处
金　额		￥577,600.00	金额(大写)		伍拾柒万柒仟陆佰元整
摘　要		收到销售 A 产品剩余款	业务(产品)种类		
用　途					
交易流水号		03435800	时间戳		2018-09-28-13.25.33.237539
中国工商银行 电子回单 专用章		备注： 验证码：sxDFD/efASC02338tSWRS/68dAER			

记账网点	20101	记账柜员	2	记账日期	2018 年 09 月 28 日

重要提示：

1. 如果您是收款方，请到工行网站 www.icbc.com.cn 电子回单验证处进行回单验证。2. 本回单不作为收款方发货依据，并请勿重复记账。3. 您可以选择发送邮件，将此电子回单发送给指定的接收人。

10. 9 月 30 日，销售多余甲材料，收到货款，见表 9-17、表 9-18。

表 9-17　江苏增值税专用发票

3200173320　　江苏增值税专用发票（全国统一发票监制章 江苏 国家税务局监制）　　№ 18057306　3200173320 18057306

机器编号：499098669645　　　　开票日期：2018 年 09 月 30 日

购买方	名　　称：扬天公司 纳税人识别号：320054640801358T 地 址 、电 话：扬州市开发路 362 号 开户行及账号：中国工商银行扬州市支行新城分理处 1108020209007456232			密码区	03＊3187＜4/＋8490＜＋95－59＋7＜243 4987＜0—＞＞－6＞525＜693719－＞7＊7 87＊3187＜4/＋8490＜＋95708681380 9＜712/＜1＋9016＞6906＋＋＞84＞93/－		
货物或应税劳务、服务名称	规格型号	单位	数量	单价	金额	税率	税额
＊金属制品＊甲材料		kg	12 850	25.00	321 250.00	16%	51 400.00
合计					￥321 250.00		￥51 400.00
价税合计(大写)	⊗叁拾柒万贰仟陆佰伍拾元整				(小写)￥372 650.00		
销售方	名　　称：润扬机械股份有限公司 纳税人识别号：321812132062219T 地 址 、电 话：扬州市江洲路 101 号　87991530 开户行及账号：中国工商银行扬州市支行城东分理处 1108020209007654321			备注	润扬机械股份有限公司 913210024567810890 发票专用章		

第一联 记账联 销售方记账凭证

收款人：黄敏　　复核：吴洁　　开票人：罗静　　销售方：(章)

表 9-18　网上银行电子回单

中国工商银行　　网上银行电子回单

电子回单号码：0021-2860-3302-6300　　　　打印日期：2018 年 09 月 30 日

付款人	户　名	扬天公司	收款人	户　名	润扬机械股份有限公司
	账　号	1108020209007456232		账　号	1108020209007654321
	开户银行	中国工商银行扬州市支行新城分理处		开户银行	中国工商银行扬州市支行城东分理处
金　额		¥ 372,650.00	金额(大写)		叁拾柒万贰仟陆佰伍拾元整
摘　要		收到销售甲材料货款	业务(产品)种类		
用　途					
交易流水号		03436232	时间戳		2018-09-30-15.29.38.236639
中国工商银行 电子回单专用章		备注：			
		验证码：MXDFD/efASC02667tSWRS/68dASD			
记账网点	20101	记账柜员	2	记账日期	2018 年 09 月 30 日

重要提示：

1. 如果您是收款方，请到工行网站 www.icbc.com.cn 电子回单验证处进行回单验证。2. 本回单不作为收款方发货依据，并请勿重复记账。3. 您可以选择发送邮件，将此电子回单发送给指定的接收人。

11. 9 月 30 日，将本月损益类账户发生额全部结转"本年利润"账户，见表 9-19。

表 9-19　损益类账户发生额汇总表

损益类账户发生额汇总表

收入类账户	本月发生额	支出类账户	本月发生额
主营业务收入		主营业务成本	
其他业务收入		其他业务成本	
投资收益		税金及附加	
公允价值变动损益		销售费用	
营业外收入		管理费用	
		财务费用	
		资产减值损失	
		营业外支出	

实验 10　费用核算实验

一、实验目的

通过实验，使学生熟悉费用的组成内容及核算方法，掌握主营业务成本、其他业务成本、税金及附加和期间费用等费用的核算凭证手续。

二、实验程序

1. 根据原始凭证编制记账凭证。

2. 根据资料开设“主营业务成本”“其他业务成本”“税金及附加”“管理费用”“销售费用”和“财务费用”明细账，登记本期发生额。

3. 撰写实验报告。

三、实验资料

润扬机械股份有限公司 2018 年 10 月发生以下经济业务：

1. 10 月 8 日，以库存现金购买办公用品，交公司财务部门使用，见表 10-1、表 10-2。

表 10-1　江苏增值税专用发票

3200173321　　江苏增值税专用发票　　№ 19057301　　3200173321 19057301

（全国统一发票监制章 江苏 国家税务局监制）

机器编号：499098669848　　开票日期：2018 年 10 月 08 日

购买方	名　　称：润扬机械股份有限公司 纳税人识别号：321812132062219T 地 址 、电 话：扬州市江洲路 101 号 开户行及账号：中国工商银行扬州市支行城东分理处　1108020209007654321				密码区	03 * 3187 < 4/ + 8490 < + 95 - 59 + 7 < 243 4987 < 0— >> - 6 > 525 < 693719 - > 7 * 7 87 * 3187 < 4/ + 8490 < + 95708681380 9 < 712/ < 1 + 9016 > 6906 + + > 84 > 93/ -		
货物或应税劳务、服务名称	规格型号	单位	数量	单价	金额	税率	税额	
*纸制品*静电复印纸		本	40	20.00	800.00	16%	128.00	
合计					¥800.00		¥128.00	
价税合计(大写)	⊗玖佰贰拾捌元整　现金付讫				(小写) ¥928.00			
销售方	名　　称：扬州市文苑有限责任公司 纳税人识别号：321812114032252W 地 址 、电 话：扬州市京华路 108 号 开户行及账号：中国工商银行扬州市支行城东分理处 1108020209007654821				备注	扬州市文苑有限责任公司 913210145678100023 发票专用章		

收款人：李三　　复核：王林　　开票人：张志　　销售方：(章)

第三联　发票联　购买方记账凭证

表 10-2　江苏增值税专用发票

3200173321	江苏增值税专用发票	№ 19057301	3200173321 19057301
机器编号：499098669848	（全国统一发票监制章 江苏 国家税务局监制）		开票日期：2018 年 10 月 08 日

购买方	名　　称：润扬机械股份有限公司 纳税人识别号：321812132062219 地 址 、电 话：扬州市江洲路 101 号 开户行及账号：中国工商银行扬州市支行城东分理处 1108020209007654321	密码区	03 * 3187 < 4/ + 8490 < + 95 − 59 + 7 < 243 4987 < 0— >> − 6 > 525 < 693719 − > 7 * 7 87 * 3187 < 4/ + 8490 < + 95708681380 9 < 712/ < 1 + 9016 > 6906 + + > 84 > 93/ −

货物或应税劳务、服务名称	规格型号	单位	数量	单价	金额	税率	税额
* 纸制品 * 静电复印纸		本	40	20.00	800.00	16%	128.00
合计					¥800.00		¥128.00
价税合计（大写）	⊗玖佰贰拾捌元整				（小写）¥928.00		

销售方	名　　称：扬州市文苑有限责任公司 纳税人识别号：321812114032252W 地 址 、电 话：扬州市京华路 108 号 开户行及账号：中国工商银行扬州市支行城东分理处 1108020209007654821	备注	（扬州市文苑有限责任公司 913210145678100023 发票专用章）

收款人：　　　　复核：　　　　开票人：　　　　销售方：（章）

第二联　抵扣联　购买方扣税凭证

2. 10 月 15 日，以银行存款缴纳增值税、城市维护建设税、教育费附加和地方教育费附加，见表 10-3、表 10-4。

表 10-3　中华人民共和国电子缴税(费)凭证

中华人民共和国
电子缴税(费)凭证

打印日期:2018 - 10 - 15　　　　税 10201831836042

纳税人代码	321812132062219			主管税务机关	国家税务总局扬州市广陵税务局				
纳税人全称	润扬机械股份有限公司			开户银行	中国工商银行扬州市支行城东分理处				
缴款人名称	润扬机械股份有限公司			银行账号	110802020900765432 1				
社保代码									
电子缴款书号	征收项目名称	征收品目名称	征收子目名称	所属期间	实缴金额	缴款日期	税款属性	国库	备注
321018031000008 1167	增值税	货物		2018 - 09 - 01 至 2018 - 09 - 30	74 590.00	2018 - 10 - 15	一般申报	国家金库广陵区支库	
321018031000008 1168	城市维护建设税	市区(增值税附征)		2018 - 09 - 01 至 2018 - 09 - 30	5 221.30	2018 - 10 - 15	一般申报	国家金库广陵区支库	
321018031000008 1169	教育费附加	增值税教育费附加		2018 - 09 - 01 至 2018 - 09 - 30	2 237.70	2018 - 10 - 15	一般申报	国家金库广陵区支库	
321018031000008 1170	地方教育费附加	增值税地方教育费附加		2018 - 09 - 01 至 2018 - 09 - 30	1 491.80	2018 - 10 - 15	一般申报	国家金库广陵区支库	
金额合计	捌万叁仟伍佰肆拾元捌角整				¥83 540.80				
注:1. 本缴款凭证仅作为纳税人记账核算凭证使用,电子缴税的,需与银行对账单电子划缴记录核对一致方有效。纳税人如需汇总开具正式完税证明,请凭税务登记证或身份证明到主管税务机关开具。 2. 打印此票的次日以后,方可到税务部门换开正式完税凭证。					国家税务总局江苏省税务局 (套印征收专用章) 电子缴款专用章				

表 10-4　中国工商银行电子缴税付款凭证

中国工商银行　　电子缴税付款凭证

转账日期:2018 年 10 月 15 日　　　　凭证字号: 2018101555027002

纳税人全称及纳税人识别号: 润扬机械股份有限公司　321812132062219T

付款人全称: 润扬机械股份有限公司　　征收机关名称: 国家税务总局扬州市广陵区税务局

付款人账号: 1108020209007654321　　收款国库(银行)名称: 国家金库广陵区支库

付款人开户银行: 中国工商银行扬州市支行城东分理处　　缴款书交易流水号: 55027002

小写(合计)金额: ¥83 540.80

大写(合计)金额: 人民币捌万叁仟伍佰肆拾元捌角整　　税票号码: 321018031000008 1167、3210180310000081168、3210180310000081169、3210180310000081170

税(费)种名称	所属日期	实缴金额
增值税	2018－09－01 至 2018－09－30	74 590.00
城市维护建设税	2018－09－01 至 2018－09－30	5 221.30
教育费附加	2018－09－01 至 2018－09－30	2 237.70
地方教育费附加	2018－09－01 至 2018－09－30	1 491.80

中国工商银行扬州市支行城东分理处 2018.10.15 收讫 (2)

第 1 次打印　　地区号　0514　　[打印时间]　2018 年 10 月 15 日

第二联　作付款回单(无银行收讫章无效)　复核: 张林　汇账: 李云　柜员号 02010

3. 10 月 16 日,黄平出差归来,报销差旅费并结清预借款,见表 10-5～表 10-11。

表 10-5　出差报销单

润扬机械股份有限公司出差报销单

2018 年 10 月 16 日

姓名	黄平	工作部门	财务科	出差日期	10 月 10—13 日
出差事由	参加会议	出差地点	南宁	往返天数	4 天
发生费用	交通费	住宿费	伙食补贴	会务费	合计
	1 500.00	954.00	420.00	848.00	3 722.00
合计	1 500.00	954.00	420.00	848.00	3 722.00
	人民币(大写)叁仟柒佰贰拾贰元整				
预借金额	4 000.00	应退金额	278.00	应补金额	

批准人: 刘华　　审核人: 吴洁　　部门主管: 张康　　出差人: 黄平

表 10-6　去程火车票

表 10-7　返程火车票

表 10-8　广西增值税专用发票

3300173355　　广西增值税专用发票　　№ 29057388　　3300173355 29057388

全国统一发票监制章 广西 国家税务局监制

机器编号：369098669862　　　　开票日期：2018 年 10 月 13 日

购买方	名　　称：润扬机械股份有限公司 纳税人识别号：321812132062219T 地 址 、电 话：扬州市江洲路 101 号 开户行及账号：中国工商银行扬州市支行城东分理处 1108020209007654321	密码区	03＊3187＜4/＋8490＜＋95－59＋7＜243 4987＜0—＞＞－6＞525＜693719－＞7＊7 87＊3187＜4/＋8490＜＋95708681380 9＜712/＜1＋9016＞6906＋＋＞84＞93/－

货物或应税劳务、服务名称	规格型号	单位	数量	单价	金额	税率	税额
＊会议服务＊会务费			1	800.00	800.00	6%	48.00
合计					￥800.00		￥48.00
价税合计（大写）	⊗捌佰肆拾捌元整			（小写）￥848.00			

销售方	名　　称：南宁国际展览有限责任公司 纳税人识别号：31181213206288S 地 址 、电 话：南宁市国展路 108 号 开户行及账号：中国工商银行南宁市支行东城分理处 1008020209007654888	备注	南宁国际展览有限责任公司 813210125678166623 发票专用章

收款人：李军　　复核：王苏　　开票人：张志强　　销售方：（章）

第三联 发票联 购买方记账凭证

表 10-9　广西增值税专用发票

3300173355　　广西增值税专用发票　　№ 29057388　　3300173355 29057388

全国统一发票监制章 广西 国家税务局监制

机器编号：369098669862　　　　开票日期：2018 年 10 月 13 日

购买方	名　　称：润扬机械股份有限公司 纳税人识别号：321812132062219T 地 址 、电 话：扬州市江洲路 101 号 开户行及账号：中国工商银行扬州市支行城东分理处 1108020209007654321	密码区	03＊3187＜4/＋8490＜＋95－59＋7＜243 4987＜0—＞＞－6＞525＜693719－＞7＊7 87＊3187＜4/＋8490＜＋95708681380 9＜712/＜1＋9016＞6906＋＋＞84＞93/－

货物或应税劳务、服务名称	规格型号	单位	数量	单价	金额	税率	税额
＊会议服务＊会务费			1	800.00	800.00	6%	48.00
合计					￥800.00		￥48.00
价税合计（大写）	⊗捌佰肆拾捌元整			（小写）￥848.00			

销售方	名　　称：南宁国际展览有限责任公司 纳税人识别号：31181213206288S 地 址 、电 话：南宁市国展路 108 号 开户行及账号：中国工商银行南宁市支行东城分理处 1008020209007654888	备注	南宁国际展览有限责任公司 813210125678166623 发票专用章

收款人：李军　　复核：王苏　　开票人：张志强　　销售方：（章）

第二联 抵扣联 购买方扣税凭证

表 10-10　广西增值税专用发票

3300173355　　广西增值税专用发票　　№ 29056325　　3300173355 29056325

（全国统一发票监制章 广西 国家税务局监制）

机器编号：369098667862　　　　开票日期：2018 年 10 月 13 日

购买方	名　　称：润扬机械股份有限公司 纳税人识别号：321812132062219T 地 址 、电 话：扬州市江洲路 101 号 开户行及账号：中国工商银行扬州市支行城东分理处 1108020209007654321	密码区	03 * 3187 <4/ +8490 < +95 -59 +7 <243 4987 <0— >> -6 >525 <693719 ->7 * 7 87 * 3187 <4/ +8490 < +95708681380 9 <712/ <1 +9016 >6906 ++>84 >93/ -

货物或应税劳务、服务名称	规格型号	单位	数量	单价	金额	税率	税额
* 住宿服务 * 住宿费			3	300.00	900.00	6%	54.00
合计					¥900.00		¥54.00
价税合计（大写）	⊗玖佰伍拾肆元整			（小写）¥954.00			

销售方	名　　称：南宁国际大酒店 纳税人识别号：31181213206425G 地 址 、电 话：南宁市国展路 120 号 开户行及账号：中国工商银行南宁市支行东城分理处 1008030309007654212	备注	南宁国际大酒店 813210125678166628 发票专用章

收款人：李军　　复核：王苏　　开票人：张志强　　销售方：（章）

第三联 发票联 购买方记账凭证

表 10-11　广西增值税专用发票

3300173355　　广西增值税专用发票　　№ 29056325　　3300173355 29056325

（全国统一发票监制章 广西 国家税务局监制）

机器编号：369098667862　　　　开票日期：2018 年 10 月 13 日

购买方	名　　称：润扬机械股份有限公司 纳税人识别号：321812132062219T 地 址 、电 话：扬州市江洲路 101 号 开户行及账号：中国工商银行扬州市支行城东分理处 1108020209007654321	密码区	03 * 3187 <4/ +8490 < +95 -59 +7 <243 4987 <0— >> -6 >525 <693719 ->7 * 7 87 * 3187 <4/ +8490 < +95708681380 9 <712/ <1 +9016 >6906 ++>84 >93/ -

货物或应税劳务、服务名称	规格型号	单位	数量	单价	金额	税率	税额
* 住宿服务 * 住宿费			3	300.00	900.00	6%	54.00
合计					¥900.00		¥54.00
价税合计（大写）	⊗玖佰伍拾肆元整			（小写）¥954.00			

销售方	名　　称：南京国际大酒店 纳税人识别号：31181213206425G 地 址 、电 话：南宁市国展路 120 号 开户行及账号：中国工商银行南宁市支行东城分理处 1008030309007654212	备注	南宁国际大酒店 813210125678166628 发票专用章

收款人：李军　　复核：王苏　　开票人：张志强　　销售方：（章）

第二联 抵扣联 购买方扣税凭证

4. 10 月 18 日，支付产品广告费 31 800 元，见表 10-12、表 10-13、表 10-14。

表 10-12　网上银行电子回单

中国工商银行　　网上银行电子回单

电子回单号码：0021-2860-3302-5680　　　　打印日期：2018 年 10 月 18 日

付款人	户　名	润扬机械股份有限公司	收款人	户　名	扬州市金方园广告公司
	账　号	1108020209007654321		账　号	1108020209007456268
	开户银行	中国工商银行扬州市支行城东分理处		开户银行	中国工商银行扬州市支行新城分理处
金　额		￥ 31,800.00	金额(大写)		叁万壹仟捌佰元整
摘　要		支付广告费	业务(产品)种类		
用　途					
交易流水号		03435800	时间戳		2018-10-18-09.25.22.237421
中国工商银行 电子回单 专用章		备注： 验证码：sxDFD/efASC02338tSswr/68dAER			

记账网点	20101	记账柜员	2	记账日期	2018 年 10 月 18 日

重要提示：

1. 如果您是收款方，请到工行网站 www. icbc. com. cn 电子回单验证处进行回单验证。2. 本回单不作为收款方发货依据，并请勿重复记账。3. 您可以选择发送邮件，将此电子回单发送给指定的接收人。

表 10-13　江苏增值税专用发票

3200174711　　　　江苏增值税专用发票　　　　№ 29052366　　3200174711 29052366

全国统一发票监制章 江苏 国家税务局监制

机器编号：369098666820　　　　开票日期：2018 年 10 月 18 日

购买方	名　　称：润扬机械股份有限公司 纳税人识别号：321812132062219T 地 址 、电 话：扬州市江洲路 101 号 开户行及账号：中国工商银行扬州市支行城东分理处 1108020209007654321			密码区	03 * 3187 <4/ +8490 < +95 -59 +7 <243 4987 <0— >> -6 >525 <693719 ->7 * 7 87 * 3187 <4/ +8490 < +95708681380 9 <712/ <1 +9016 >6906 ++>84 >93/ -		
货物或应税劳务、服务名称	规格型号	单位	数量	单价	金额	税率	税额
*文化创意服务*广告费			1	30 000.00	30 000.00	6%	1 800.00
合计					￥30 000.00		￥1 800.00
价税合计(大写)	⊗叁万壹仟捌佰元整			(小写)￥31 800.00			
销售方	名　　称：扬州市金方园广告公司 纳税人识别号：32181213203306J 地 址 、电 话：扬州市花园路 180 号 开户行及账号：中国工商银行扬州市支行新城分理处 1108020209007456268			备注	扬州市金方园广告公司 913210135678252763 发票专用章		

第三联　发票联　购买方记账凭证

收款人：伍军　　　复核：李苏　　　开票人：王志林　　　销售方：(章)

表 10-14　江苏增值税专用发票

3200174711　　江苏增值税专用发票　　№ 29052366　　3200174711 29052366

全国统一发票监制章 江苏 国家税务局监制

机器编号：369098666820　　开票日期：2018 年 10 月 18 日

购买方	名　　称：润扬机械股份有限公司 纳税人识别号：321812132062219T 地 址 、电 话：扬州市江洲路 101 号 开户行及账号：中国工商银行扬州市支行城东分理处 1108020209007654321	密码区	03 * 3187 <4/ +8490 < +95 -59 +7 <243 4987 <0— >> -6 >525 <693719 ->7 * 7 87 * 3187 <4/ +8490 < +95708681380 9 <712/ <1 +9016 >6906 ++>84 >93/ -

货物或应税劳务、服务名称	规格型号	单位	数量	单价	金额	税率	税额
*文化创意服务*广告费			1	30 000.00	30 000.00	6%	1 800.00
合计					￥30 000.00		￥1 800.00
价税合计（大写）	⊗叁万壹仟捌佰元整			（小写）￥31 800.00			

销售方	名　　称：扬州市金方园广告公司 纳税人识别号：32181213203306J 地 址 、电 话：扬州市花园路 180 号 开户行及账号：中国工商银行扬州市支行新城分理处 1108020209007456268	备注	扬州市金方园广告公司 913210135678252763 发票专用章

收款人：李军　　复核：王苏　　开票人：张志强　　销售方：（章）

第二联 抵扣联 购买方扣税凭证

5. 10 月 20 日，支付业务招待费，见表 10-15、表 10-16、表 10-17。

表 10-15　业务招待费报销单

业务招待费报销单

填报日期：2018 年 10 月 20 日

报销部门	总经理办公室		
报销理由	会议业务招待		
报销单据 2 张合计金额（大写）人民币壹万伍仟玖佰元整 ￥15 900.00			
单位主管	马林	部门主管	张平

会计主管 张康　　审核 吴洁　　出纳 黄敏　　填报人 张俊

表 10-16　网上银行电子回单

中国工商银行　　网上银行电子回单

电子回单号码：0021-2860-3302-6468　　　　打印日期：2018 年 10 月 20 日

付款人	户　名	润扬机械股份有限公司	收款人	户　名	新城饭店
	账　号	1108020209007654321		账　号	1108020209887654334
	开户银行	中国工商银行扬州市支行城东分理处		开户银行	中国工商银行扬州市支行城东分理处
金　额		¥ 15,900.00	金额(大写)		壹万伍仟玖佰元整
摘　要		支付餐饮费	业务(产品)种类		
用　途					
交易流水号		03445875	时间戳		2018-10-20-10.25.22.237421
中国工商银行 电子回单 专用章		备注： 验证码：sxDFD/efASC06678tSswr/68dCDE			

记账网点	20101	记账柜员	2	记账日期	2018 年 10 月 20 日

重要提示：

1. 如果您是收款方，请到工行网站 www.icbc.com.cn 电子回单验证处进行回单验证。2. 本回单不作为收款方发货依据，并请勿重复记账。3. 您可以选择发送邮件，将此电子回单发送给指定的接收人。

表 10-17　江苏增值税普通发票

3200173320　　**江苏增值税普通发票**　　№ 170576　　3200173320 17057689

（全国统一发票监制章 江苏 国家税务局监制）

机器编号：499098669444　　　　开票日期：2018 年 10 月 20 日

购买方	名　　称：润扬机械股份有限公司 纳税人识别号：321812132062219T 地 址 、电 话：扬州市江洲路 101 号 开户行及账号：中国工商银行扬州市支行城东分理处 1108020209007654321			密码区	03 * 3187 <4/ +8490 < +95 -59 +7 <243 4987 <0— >> -6 >525 <693719 ->7 * 7 87 * 3187 <4/ +8490 < +95708681380 9 <712/ <1 +9016 >6906 ++>84 >93/ -		
货物或应税劳务、服务名称	规格型号	单位	数量	单价	金额	税率	税额
*生活服务*餐饮服务			1	15 000.00	15 000.00	6%	900.00
合计					¥15 000.00		¥900.00
价税合计(大写)	⊗壹万伍仟玖佰元整				(小写) ¥15 900.00		
销售方	名　　称：新城饭店 纳税人识别号：32181213222137X 地 址 、电 话：扬州市迎新路 22 号 开户行及账号：中国工商银行扬州市支行城东分理处 1108020209887654334			备注	新城饭店 913210235678323763 发票专用章		

第二联 发票联 购买方记账凭证

收款人：王一新　　复核：李双　　开票人：张家生　　销售方：(章)

6. 10 月 23 日,接银行通知,支付网银手续费,见表 10-18、表 10-19、表 10-20。

表 10-18 江苏增值税专用发票

3200174711　　江苏增值税专用发票　　№ 29052278　　3200174711 29052278

（印章：全国统一发票监制章 江苏 国家税务局监制）

机器编号:369098666680　　开票日期:2018 年 10 月 23 日

购买方	名　　称:润扬机械股份有限公司 纳税人识别号:321812132062219T 地 址 、电 话:扬州市江洲路 101 号 开户行及账号:中国工商银行扬州市支行城东分理处 1108020209007654321	密码区	03 * 3187 <4/ +8490 < +95 -59 +7 <243 4987 <0— >> -6 >525 <693719 ->7 * 7 87 * 3187 <4/ +8490 < +95708681380 9 <712/ <1 +9016 >6906 ++>84 >93/ -				
货物或应税劳务、服务名称	规格型号	单位	数量	单价	金额	税率	税额
* 直接收费金融服务 * 网银手续费					1 000.00	6%	60.00
合计					¥1 000.00		¥60.00
价税合计(大写)	⊗壹仟零陆拾元整			(小写)¥1 060.00			
销售方	名　　称:中国工商银行扬州市支行 纳税人识别号:32181213203308B 地 址 、电 话:扬州市江都路 165 号 开户行及账号:中国工商银行扬州市支行城东分理处 1108020209007456268	备注	（印章：中国工商银行扬州市支行 91321003567823426З 发票专用章）				

收款人:伍军　　复核:李苏　　开票人:王志林　　销售方:(章)

第三联 发票联 购买方记账凭证

表 10-19 江苏增值税专用发票

3200174711　　江苏增值税专用发票　　№ 29052278　　3200174711 29052278

（印章：全国统一发票监制章 江苏 国家税务局监制）

机器编号:369098666680　　开票日期:2018 年 10 月 23 日

购买方	名　　称:润扬机械股份有限公司 纳税人识别号:321812132062219T 地 址 、电 话:扬州市江洲路 101 号 开户行及账号:中国工商银行扬州市支行城东分理处　1108020209007654321	密码区	03 * 3187 <4/ +8490 < +95 -59 +7 <243 4987 <0— >> -6 >525 <693719 ->7 * 7 87 * 3187 <4/ +8490 < +95708681380 9 <712/ <1 +9016 >6906 ++>84 >93/ -				
货物或应税劳务、服务名称	规格型号	单位	数量	单价	金额	税率	税额
* 直接收费金融服务 * 网银手续费					1 000.00	6%	60.00
合计					¥1 000.00		¥60.00
价税合计(大写)	⊗壹仟零陆拾元整			(小写)¥1 060.00			
销售方	名　　称:中国工商银行扬州市支行 纳税人识别号:32181213203308B 地 址 、电 话:扬州市江都路 165 号 开户行及账号:中国工商银行扬州市支行城东分理处 1108020209007456268	备注	（印章：中国工商银行扬州市支行 913210035678234263 发票专用章）				

收款人:伍军　　复核:李苏　　开票人:王志林　　销售方:(章)

第二联 抵扣联 购买方扣税凭证

表 10-20　客户借记回单

中国工商银行　　客户借记回单

电子回单号码：0021-2860-3402-5688　　　　打印日期：2018 年 10 月 23 日

付款人	户　名	润扬机械股份有限公司	收款人	户　名	本行
	账　号	1108020209007654321		账　号	
	开户银行	中国工商银行扬州市支行城东分理处		开户银行	
金　额		¥ 1,060.00	金额（大写）		壹仟零陆拾元整
摘　要		支付企业网银手续费	业务（产品）种类		转账支出
用　途					
交易流水号		06445645	时间戳		2018-10-23-10. 35. 22. 237356
中国工商银行 电子回单 专用章		备注： 验证码：sxDFD/efASC03378tSswr/65dCDE			
记账网点	20101	记账柜员	2	记账日期	2018 年 10 月 23 日

7. 10 月 31 日，计提本月经营租出固定资产应计提的折旧（成本模式），见表 10-21。

表 10-21　固定资产折旧计提表

固定资产折旧计提表

填报日期：2018 年 10 月 31 日

固定资产类别		固定资产原值	月折旧率	月折旧额（元）
经营租出	房屋	900 000	4‰	3 600
	合计	900 000		3 600

会计主管：张康　　　　复核（签章）：吴洁　　　　制表（签章）：姚远

8. 10 月 31 日,计算本月应城市维护建设税、教育费附加和地方教育费附加,见表 10-22。

表 10-22 城建税、教育费附加、地方教育附加税(费)计算表

城建税、教育费附加、地方教育附加税(费)计算表

填报日期:2018 年 10 月 31 日

税(费)种	税款所属期限	计税(费)依据				税率(征收率)	本期应纳税(费)额
		增值税		消费税	合计		
		一般增值税	免抵税额				
		1	2	3	4 = 1 + 2 + 3	5	6 = 4 × 5
城建税	自 2018 年 10 月 01 日至 2018 年 10 月 31 日	364 000.00			364 000.00	7%	25 480
教育费附加	自 2018 年 10 月 01 日至 2018 年 10 月 31 日	364 000.00			364 000.00	3%	10 920
地方教育附加	自 2018 年 10 月 01 日至 2018 年 10 月 31 日	364 000.00			364 000.00	2%	7 280
合计		—				—	43 680

会计主管:张康　　复核(签章):吴洁　　制表(签章):姚远

9. 2018 年 1 月 1 日借入流动资金借款 100 000 元,年利率 6%,期限 1 年。10 月 31 日,计提本月流动资金借款利息,见表 10-23。

表 10-23 利息费用计算表

利息费用计算表

2018 年 10 月 31 日

费用种类	会计科目		计算过程	金额
	总账科目	明细账科目		
流动资金借款(年利率 6%)	财务费用	利息支出	100 000 × 6% ÷ 12	500.00

会计主管:张康　　复核(签章):吴洁　　制表(签章):姚远

10. 计算并缴纳本月印花税,见表 10-24、表 10-25 和表 10-26。

表 10-24　印花税计算表

印花税计算表

2018 年 10 月 31 日

应税凭证	税款所属期	按实征收	核定征收		适用税率	本期应纳税额	减免税额	本期已缴税额	滞纳金	本期应补（退）税额
		计税金额或件数	核定依据金额	核定比例						
		1	2	3	4	5＝1×4；或2×3×4	6	7	8	9＝5－6－7＋8
购销合同	2018 年 10 月	3 636 300.00			0.03%	1 090.89				1 090.89
加工承揽合同	2018 年 10 月				0.05%					
建设工程勘察设计合同	2018 年 10 月				0.05%					
建筑安装工程承包合同	2018 年 10 月				0.03%					
财产租赁合同	2018 年 10 月				0.10%					
货物运输合同	2018 年 10 月				0.05%					
仓储保管合同	2018 年 10 月				0.10%					
借款合同	2018 年 10 月				0.005%					
财产保险合同	2018 年 10 月				0.10%					
技术合同	2018 年 10 月				0.03%					
产权转移书据	2018 年 10 月				0.05%					
营业账簿（记载资金的账簿）	2018 年 10 月				0.05%					
营业账簿（其他账簿）	2018 年 10 月				5					
权利、许可证照	2018 年 10 月				5					
合计					—	1 090.89				1 090.89

会计主管：张康　　　　复核（签章）：吴洁　　　　制表（签章）：姚远

表 10-25　中华人民共和国电子缴税(费)凭证

中华人民共和国
电子缴税(费)凭证

打印日期:2018－10－31　　　　税 10201831832017

纳税人代码	321812132062219			主管税务机关	国家税务总局扬州市广陵税务局				
纳税人全称	润扬机械股份有限公司			开户银行	中国工商银行扬州市支行城东分理处				
缴税人名称	润扬机械股份有限公司			银行账号	1108020209007654321				
社保代码									
电子缴款书号	征收项目名称	征收品目名称	征收子目名称	所属期间	实缴金额	缴款日期	税款属性	国库	备注
3210180310000092237	印花税			2018－10－01 至 2018－10－30	1 090.89	2018－10－31	一般申报	国家金库广陵区支库	
金额合计	壹仟零玖拾元捌角玖分整				¥1 090.89				

注：1. 本缴款凭证仅作为纳税人记账核算凭证使用,电子缴税的,需与银行对账单电子划缴记录核对一致方有效。纳税人如需汇总开具正式完税证明,请凭税务登记证或身份证明到主管税务机关开具。

2. 打印此票的次日以后,方可到税务部门换开正式完税凭证。

表 10-26　中国工商银行电子缴税付款凭证

中国工商银行　　电子缴税付款凭证

转账日期:2018 年 10 月 31 日　　　　凭证字号：2018103155027321

纳税人全称及纳税人识别号：润扬机械股份有限公司　321812132062219T

付款人全称：润扬机械股份有限公司　　征收机关名称：国家税务总局扬州市广陵区税务局

付款人账号：1108020209007654321　　收款国库(银行)名称：国家金库广陵区支库

付款人开户银行：中国工商银行扬州市支行城东分理处　　缴款书交易流水号：5506672

小写(合计)金额：¥1 090.89

大写(合计)金额：人民币壹仟零玖拾元捌角玖分　　税票号码：3210180310000092237

税(费)名称	所属日期	实缴金额
印花税	2018－10－01 至 2018－10－31	1 090.89

中国工商银行扬州市支行城东分理处 2018.10.31 收讫 (2)

第 1 次打印　地区号　0514　　[打印时间]　2018 年 10 月 31 日

第二联　作付款回单(无银行收讫章无效)　复核：张林　记账：李云　柜员号 02010

11. 10 月 31 日,分配本月制造费用,见表 10-27。

表 10-27　制造费用分配表

制造费用分配表

2018 年 10 月 31 日

产品名称	分配标准(生产工人工资)	分配率	分配金额
A 产品	300 000		297 000
B 产品	400 000		396 000
合计	700 000	0.99	693 000

会计主管：张康　　复核(签章)：吴洁　　制表(签章)：姚远

12. 10 月 31 日,计算本月完工产品成本,见表 10-28。

表 10-28　完工产品成本计算表

完工产品成本计算表

2018 年 10 月 31 日

成本项目	甲产品(20 000 件)		乙产品(40 000 件)	
	总成本	单位成本	总成本	单位成本
直接材料	742 000	37.1	756 000	18.9
直接人工	300 000	15	400 000	10
制造费用	297 000	14.85	396 000	9.9
合计	1 339 000	66.95	1 552 000	38.8

会计主管：张康　　复核(签章)：吴洁　　制表(签章)：姚远

13．10 月 31 日，结转本月已销产品成本，见表 10-29 ~ 表 10-33。

表 10-29　产品出库单 1

产品出库单　　No 1111001

提货部门　销售部　　　　2018 年 10 月 08 日

产品			单位	数量	单价	成本总额								产品明细账		说明
编号	名称	规格				十	万	千	百	十	元	角	分	号	页	
	A 产品		件	2 000												
	B 产品		件	8 000												

部门主管　　会计　　记账　　保管　刘伟　　提货人　王常富　　制单　张一天

第三联　会计

表 10-30　产品出库单 2

产品出库单　　No 1111002

提货部门　销售部　　　　2018 年 10 月 15 日

产品			单位	数量	单价	成本总额								产品明细账		说明
编号	名称	规格				十	万	千	百	十	元	角	分	号	页	
	A 产品		件	3 500												
	B 产品		件	7 000												

部门主管　　会计　　记账　　保管　刘伟　　提货人　王常富　　制单　张一天

第三联　会计

表 10-31　产品出库单 3

产品出库单　　No 1111003

提货部门　销售部　　　　2018 年 10 月 22 日

产品			单位	数量	单价	成本总额								产品明细账		说明
编号	名称	规格				十	万	千	百	十	元	角	分	号	页	
	A 产品		件	4 500												
	B 产品		件	10 000												

部门主管　　会计　　记账　　保管　刘伟　　提货人　王常富　　制单　张一天

第三联　会计

表 10-32 产品出库单 4

产品出库单

No 1111004

提货部门 销售部　　2018 年 10 月 25 日

产品			单位	数量	单价	成本总额								产品明细账		说明
编号	名称	规格				十	万	千	百	十	元	角	分	号	页	
	A产品		件	9 800												
	B产品		件	13 000												

第三联 会计

部门主管　　会计　　记账　　保管 刘伟　　提货人 王常富　　制单 张一天

表 10-33　产成品收、发、存月报表

产成品收、发、存月报表

2018 年 10 月 31 日

产品名称	计量单位	期初余额			本期完工			本期销售			期末余额		
		数量	单位成本	金额	数量	单位成本	金额	数量	单位成本	金额	数量	单位成本	金额
A 产品	件	1 000	68.00	68 000.00	20 000	66.95	1 339 000.00	19 800	67.00	1 326 600.00	1 200	67.00	80 400.00
B 产品	件	1 500	36.00	54 000.00	40 000	38.8	1 552 000.00	38 000		1 470 544.20	3 500	38.698 8	135 445.80
合计				122 000.00			2 891 000.00			2 797 154.20			215 845.80

（因小数点保留引起的误差计入已销产品成本）

14. 10 月 31 日,将本月损益类账户余额全部结转“本年利润”账户,见表 10-34。

表 10-34　损益类账户本期发生额汇总表

损益类账户本期发生额汇总表

2018 年 10 月 31 日

收入类账户	本月发生额	支出类账户	本月发生额
主营业务收入		主营业务成本	
其他业务收入		其他业务成本	
投资收益		税金及附加	
公允价值变动损益		销售费用	
资产处置损益		管理费用	
营业外收入		财务费用	
		资产减值损失	
		营业外支出	

会计主管:张康　　　　复核(签章):吴洁　　　　制表(签章):姚远

实验 11　利润核算实验

一、实验目的

通过实验，使学生熟悉利润的形成过程，掌握“营业外收入”、“营业外支出”等账户核算的凭证手续。

二、实验程序

1. 根据原始凭证编制记账凭证。
2. 开设并登记“营业外收入”“营业外支出”明细账。
3. 撰写实验报告。

三、实验资料

润扬机械股份有限公司 2018 年 11 月份发生以下经济业务：

1. 11 月 1 日，接受捐赠，见表 11-1 ~ 表 11-4。

表 11-1　捐赠协议书

捐赠协议书

2018 年 11 月 01 日

捐赠单位	扬州市金方园公司	接受单位	润扬机械股份有限公司
账号或地址	1108020209007456239	账号或地址	1108020209007654321
开户银行	中国工商银行扬州市支行新城分理处	开户银行	中国工商银行扬州市支行城东分理处
捐赠金额	人民币(大写)：贰拾叁万贰仟元整		
协议条款	经双方友好协商达成如下协议： 1. 建立互惠互利机制。 2. 双方沟通信息，开拓市场。 3. 扬州市金方园公司愿意无偿捐赠所产电脑产品 20 台，用于支持润扬机械股份有限公司提高产品质量。 捐赠代表签字：法人代表及单位公章（印章：扬州市金方园公司 合同专用章 1） 2018 年 11 月 01 日		接受代表签字：法人代表及单位公章（印章：润扬机械股份有限公司 合同专用章 1） 2018 年 11 月 01 日

表 11-2　固定资产验收单

固定资产验收单

2018 年 11 月 1 日

名称	单位	数量	价格	预计使用年限	使用部门
电脑	台	20	200 000	10 年	厂部办公室
备注	接受捐赠				

制单：王森　　　　审核：吴洁

表 11-3　江苏增值税专用发票

3200174711　　江苏增值税专用发票　　№ 29082366　　3200174711 29082366

全国统一发票监制章 江苏 国家税务局监制

机器编号：369098666880　　　　开票日期：2018 年 11 月 01 日

<table>
<tr><td rowspan="4">购买方</td><td colspan="4">名　　称：润扬机械股份有限公司
纳税人识别号：321812132062219T
地 址 、电 话：扬州市江洲路 101 号
开户行及账号：中国工商银行扬州市支行城东分理处 1108020209007654321</td><td>密码区</td><td colspan="3">03 * 3187 <4/ +8490 < +95 -59 +7 <243
4987 <0— >> -6 >525 <693719 ->7 * 7
87 * 3187 <4/ +8490 < +95708681380
9 <712/ <1 +9016 >6906 ++>84 >93/ -</td></tr>
</table>

货物或应税劳务、服务名称	规格型号	单位	数量	单价	金额	税率	税额
*电子计算机*电脑		台	20	10 000.00	200 000.00	16%	32 000.00
合计					¥200 000.00		¥32 000.00
价税合计（大写）	⊗贰拾叁万贰仟元整				（小写）¥232 000.00		

<table>
<tr><td>销售方</td><td>名　　称：扬州市金方园公司
纳税人识别号：310113695827333J
地 址 、电 话：扬州市柏林路 128 号
开户行及账号：中国工商银行扬州市支行新城分理处 1108020209007456239</td><td>备注</td><td>扬州市金方园公司 913210145678108966 发票专用章</td></tr>
</table>

收款人：李志军　　复核：李一苏　　开票人：王大林　　销售方：（章）

第三联 发票联 购买方记账凭证

表 11-4 江苏增值税专用发票

3200174711　　江苏增值税专用发票　　№ 29082366　3200174711 29082366

（全国统一发票监制章 江苏 国家税务局监制）

抵扣联

机器编号：369098666880　　开票日期：2018 年 11 月 01 日

购买方	名　　称：润扬机械股份有限公司 纳税人识别号：321812132062219T 地 址 、电 话：扬州市江洲路 101 号 开户行及账号：中国工商银行扬州市支行城东分理处　1108020209007654321	密码区	03 * 3187 <4/ +8490 < +95 -59 +7 <243 4987 <0— >> -6 >525 <693719 ->7 * 7 87 * 3187 <4/ +8490 < +95708681380 9 <712/ <1 +9016 >6906 ++>84 >93/ -

货物或应税劳务、服务名称	规格型号	单位	数量	单价	金额	税率	税额
*电子计算机*电脑		台	20	10 000.00	200 000.00	16%	32 000.00
合计					¥200 000.00		¥32 000.00
价税合计（大写）	⊗贰拾贰万贰仟元整				（小写）¥232 000.00		

销售方	名　　称：扬州市金方园公司 纳税人识别号：310113695827333J 地 址 、电 话：扬州市柏林路 128 号 开户行及账号：中国工商银行扬州市支行新城分理处 1108020209007456239	备注	扬州市金方园公司 913210145678108966 发票专用章

收款人：李志军　　复核：李一苏　　开票人：王大林　　销售方：（章）

第二联 抵扣联 购买方扣税凭证

2. 11 月 8 日，出售生产车间旧车床一台，见表 11-5 ~ 表 11-9。

表 11-5 固定资产出售调拨单

固定资产出售调拨单

调出单位：润扬机械股份有限公司

调入单位：扬州市汽车修理厂			2018 年 11 月 8 日				调拨单号：1101	
调拨资产名称		有偿						
固定资产名称	规格及型号	单位	数量	预计使用年限	已使用年限	原值	已提折旧	净值	协商价格
车床	C620	台	1	10 年	2 年	80 000.00	38 400.00	41 600.00	45 000.00

调出单位（公章）　　　　调入单位（公章）

公章：（扬州市汽车修理厂 45678864432 财务专用章）　　公章：（润扬机械股份有限公司 45678103456 财务专用章）

财务：　　财务：

经办：　　经办：

会计主管：张康　　稽核：吴洁　　制单：罗静

表 11-6　江苏增值税专用发票

3200173320　　江苏增值税专用发票　　№ 18057303　　3200173320 18057303

（全国统一发票监制章 江苏 国家税务局监制）

机器编号：499098669645　　　　开票日期：2018 年 11 月 08 日

购买方	名　　称：扬州市汽车修理厂 纳税人识别号：310113695827666P 地 址 、电 话：扬州市柏林路 133 号 开户行及账号：中国工商银行扬州市支行新城分理处 110802020900745 6239	密码区	03 * 3187 <4/ +8490 < +95 -59 +7 <243 4987 <0— >> -6 >525 <693719 ->7 * 7 87 * 3187 <4/ +8490 < +95708681380 9 <712/ <1 +9016 >6906 ++>84 >93/ -

货物或应税劳务、服务名称	规格型号	单位	数量	单价	金额	税率	税额
*机床*车床		台	1	45 000.00	45 000.00	16%	7 200.00
合计					¥45 000.00		¥7 200.00
价税合计（大写）	⊗伍万贰仟贰佰元整				（小写）¥52 200.00		

销售方	名　　称：润扬机械股份有限公司 纳税人识别号：321812132062219T 地 址 、电 话：扬州市江洲路 101 号 开户行及账号：中国工商银行扬州市支行城东分理处 110802020900765 4321	备注	（润扬机械股份有限公司 913210024567810890 发票专用章）

收款人：黄敏　　复核：吴洁　　开票人：罗静　　销售方：（章）

第一联　记账联　销售方记账凭证

表 11-7　江苏增值税专用发票

3200174711　　江苏增值税专用发票　　№ 29083312　　3200174711 29083312

（全国统一发票监制章 江苏 国家税务局监制）

机器编号：369098666389　　　　开票日期：2018 年 11 月 08 日

购买方	名　　称：润扬机械股份有限公司 纳税人识别号：321812132062219T 地 址 、电 话：扬州市江洲路 101 号 开户行及账号：中国工商银行扬州市支行城东分理处 110802020900765 4321	密码区	03 * 3187 <4/ +8490 < +95 -59 +7 <243 4987 <0— >> -6 >525 <693719 ->7 * 7 87 * 3187 <4/ +8490 < +95708681380 9 <712/ <1 +9016 >6906 ++>84 >93/ -

货物或应税劳务、服务名称	规格型号	单位	数量	单价	金额	税率	税额
*运输服务*运费			1	500.00	500.00	6%	30.00
合计			现金付讫		¥500.00		¥30.00
价税合计（大写）	⊗伍佰叁拾元整				（小写）¥530.00		

销售方	名　　称：扬州市金方园运输公司 纳税人识别号：310113695827666J 地 址 、电 话：扬州市柏林路 145 号 开户行及账号：市工行新城办 110802020900745 6786	备注	（扬州市金方圆运输公司 913210145678108943 发票专用章）

收款人：王二军　　复核：王苏　　开票人：李林　　销售方：（章）

第三联　发票联　购买方记账凭证

表 11-8　江苏增值税专用发票

3200174711　　**江苏增值税专用发票**　　№ 29083312　　3200174711　29083312

（印章：全国统一发票监制章　国家税务局监制）

抵扣联

机器编号：369098666389　　　　开票日期：2018 年 11 月 08 日

购买方	名　　称：润扬机械股份有限公司 纳税人识别号：321812132062219T 地 址 、电 话：扬州市江洲路 101 号 开户行及账号：中国工商银行扬州市支行城东分理处 1108020209007654321	密码区	03 * 3187 <4/ +8490 < +95 -59 +7 <243 4987 <0— >> -6 >525 <693719 ->7 * 7 87 * 3187 <4/ +8490 < +95708681380 9 <712/ <1 +9016 >6906 ++>84 >93/ -

货物或应税劳务、服务名称	规格型号	单位	数量	单价	金额	税率	税额
*运输服务*运费			1	500.00	500.00	6%	30.00
合计					¥500.00		¥30.00
价税合计(大写)	⊗伍佰叁拾元整				(小写)¥530.00		

销售方	名　　称：扬州市金方园运输公司 纳税人识别号：310113695827666J 地 址 、电 话：扬州市柏林路 145 号 开户行及账号：市工行新城办 1108020209007456786	备注	（印章：扬州市金方园运输公司　913210145678108943　发票专用章）

收款人：王二军　　　复核：王苏　　　开票人：李林　　　销售方：(章)

第二联　抵扣联　购买方扣税凭证

表 11-9　网上银行电子回单

中国工商银行　　网上银行电子回单

电子回单号码：0021-2860-3302-4725　　　　打印日期：2018 年 11 月 08 日

付款人	户　名	扬州市汽车修理厂	收款人	户　名	润扬机械股份有限公司
	账　号	1108020209007456239		账　号	1108020209007650000
	开户银行	中国工商银行扬州市支行新城分理处		开户银行	中国工商银行扬州市支行城东分理处
金　额		¥ 52 200.00	金额(大写)		伍万贰仟贰佰元整
摘　要		销售车床货款	业务(产品)种类		
用　途					
交易流水号		03452632	时间戳		2018-11-08-10.52.33.256689
（印章：中国工商银行　电子回单专用章）		备注： 验证码：sdDFD/efbdC02328teERS/23dSE4			

记账网点	20101	记账柜员	2	记账日期	2018 年 11 月 08 日

重要提示：

1. 如果您是收款方，请到工行网站 www.icbc.com.cn 电子回单验证处进行回单验证。2. 本回单不作为收款方发货依据，并请勿重复记账。3. 您可以选择发送邮件，将此电子回单发送给指定的接收人。

3. 11 月 15 日，职工李一江因违章操作罚款 100 元，见表 11-10。

表 11-10　企业单位统一收据

扬州市企业单位统一收据

2018 年 12 月 15 日

交款单位 李一江

现金收讫

人民币（大写）壹佰元整　　¥ 100.00

系　　付 违章操作罚款

现金	✓
支票	

③ 记账联

润扬机械股份有限公司 45678103456 财务专用章

收款单位（盖章有效）　　会计 姚远　　经手人 赵一平

4. 11 月 28 日，进行财产清查，盘亏甲材料，原因待查，见表 11-11。

表 11-11　财产物资盘点报告单

财产物资盘点报告单

类别：存货　　2018 年 11 月 28 日

名称	规格	单位	单价	账面数		盘点数		盘盈		盘亏		备注
				数量	金额	数量	金额	数量	金额	数量	金额	
甲材料		公斤	20.00	565.00	11 300.00	525.00	10 500.00			40.00	800.00	成本差异 + 40.00 元
合计		公斤	20.00	565.00	11 300.00	525.00	10 500.00			40.00	800.00	
原因分析：待查						审批意见：先作待处理。						

润扬机械股份有限公司 45678103456 财务专用章

单位盖章：　　财务负责人：张康　　制表：姚远

5. 11 月 30 日,查明原因,处理材料盘亏,见表 11-12。

表 11-12　财产物资盘点报告单

财产物资盘点报告单

类别:存货　　　　　　　　2018 年 11 月 30 日

名称	规格	单位	单价	账面数		盘点数		盘盈		盘亏		备注
				数量	金额	数量	金额	数量	金额	数量	金额	
甲材料		千克	20.00	565.00	11 300.00	525.00	10 500.00			40.00	800.00	成本差异 + 40.00 元
合计		千克	20.00	565.00	11 300.00	525.00	10 500.00			40.00	800.00	
原因分析: 系管理不善造成。						审批意见: 按公司财务制度处理。						

润扬机械股份有限公司
45678103456
财务专用章

单位盖章:　　　　　　　　财务负责人:张康　　　　　　　　制表:姚远

6. 计提坏账准备(按应收账款、其他应收款账户的期末余额的 10% 计提),见表 11-13。

表 11-13　坏账准备提取计算表

坏账准备提取计算表

2018 年 11 月 30 日

账户名称	期末余额	坏账提取率	应提取额	坏账准备余额	实际提取额
应收账款	2 500 000.00	10%	250 000.00	100 000.00	150 000.00
其他应收款	500 000.00	10%	50 000.00	35 000.00	15 000.00
合　计	3 000 000.00		300 000.00	135 000.00	165 000.00

会计主管:张康　　　　　　　　复核(签章):吴洁　　　　　　　　制表(签章):姚远

7. 11 月 30 日,月末调整交易性金融资产成本与公允价值的差额,见表 11-14。

表 11-14　交易性金融资产成本与公允价值比较表

交易性金融资产成本与公允价值比较表

2018 年 11 月 30 日

种类	成本价	公允价值	变动损益
大连国际	119 800.00	119 200.00	-600.00
贵糖股份	210 000.00	211 000.00	1 000.00
宋城股份	750 000.00	767 000.00	17 000.00
锦江股份	1 050 000.00	1 050 000.00	0.00
合计	2 129 800.00	2 147 200.00	17 400.00

会计主管:张康　　　　　　　　复核(签章):吴洁　　　　　　　　制表(签章):姚远

8．11 月 30 日，将本月损益类账户余额全部结转“本年利润”账户，见表 11-15。

表 11-15　损益类账户本期发生额汇总表

损益类账户本期发生额汇总表

2018 年 11 月

收入类账户	本月发生额	支出类账户	本月发生额
主营业务收入		主营业务成本	
其他业务收入		其他业务成本	
投资收益		税金及附加	
公允价值变动损益		销售费用	
资产处置损益		管理费用	
营业外收入		财务费用	
		资产减值损失	
		信用减值损失	
		营业外支出	

会计主管：张康　　　　复核(签章)：吴洁　　　　制表(签章)：姚远

实验12　财务报告编制实验

一、实验目的

通过实验,使学生掌握资产负债表、利润表等主要报表的编制原则、依据、要求和方法。

一、实验程序

1. 根据资料开设日记账和总账。
2. 根据12月份发生的经济业务编制记账凭证。
3. 根据12月份发生的经济业务和记账凭证登记日记账。
4. 根据记账凭证编制科目汇总表。
5. 根据科目汇总表定期登记总分类账。
6. 编制2018年12月31日资产负债表和2018年度利润表。
7. 撰写实验报告。

三、实验资料

(一) 润扬机械股份有限公司2018年12月期初余额资料

账户名称	2018年12月期初余额	
	借方	贷方
库存现金	7 079.00	
银行存款	12 847 621.00	
其他货币资金	1 170 000.00	
交易性金融资产	1 256 700.00	
应收票据	4 865 315.00	
应收账款	5 310 000.00	
预付账款	1 000 000.00	
其他应收款	8 165 000.00	
材料采购	2 200 000.00	
原材料	9 157 200.00	
材料成本差异	536 460.00	
库存商品	20 012 560.00	
长期股权投资	2 500 000.00	
固定资产	9 300 000.00	
累计折旧		3 985 155.00
在建工程	14 000 000.00	
无形资产	11 465 620.00	

续表

账户名称	2018 年 12 月期初余额	
	借方	贷方
累计摊销		6 650 000.00
短期借款		2 560 000.00
应付票据		1 980 000.00
应付账款		1 147 600.00
预收账款		24 000.00
应交税费		83 540.00
其他应付款		450.00
长期借款		17 000 000.00
实收资本		25 310 000.00
资本公积		166 790.72
盈余公积		1 000 000.00
本年利润		43 386 019.28
利润分配		500 000.00
合计	103 793 555.00	103 793 555.00

（二）润扬机械股份有限公司 2018 年 12 月发生以下经济业务，见表 12-1 ~ 表 12-34。

表 12-1 A　江苏增值税专用发票

3200173355　　江苏增值税专用发票　　№ 29057525　　3200173355　29057525

（全国统一发票监制章　江苏　国家税务局监制）

机器编号：369098669862　　开票日期：2018 年 12 月 01 日

购买方		密码区	
	名　　称：润扬机械股份有限公司 纳税人识别号：321812132062219T 地 址 、电 话：扬州市江洲路 101 号 开户行及账号：中国工商银行扬州市支行城东分理处　1108020209007654321		03 * 3187 < 4/ + 8490 < + 95 - 59 + 7 < 243 4987 < 0— >> - 6 > 525 < 693719 - > 7 * 7 87 * 3187 < 4/ + 8490 < + 95708681380 9 < 712/ < 1 + 9016 > 6906 + + > 84 > 93/ -

货物或应税劳务、服务名称	规格型号	单位	数量	单价	金额	税率	税额
* 金属制品 * 甲材料			50 000	18.00	900 000.00	16%	144 000.00
合计					¥900 000.00		¥144 000.00
价税合计（大写）	⊗壹佰零肆万肆仟元整				（小写）¥1 044 000.00		

销售方		备注	
	名　　称：华夏公司 纳税人识别号：320600003142638A 地 址 、电 话：南京市青年路 118 号 51429038 开户行及账号：中国工商银行南京市青年路支行　1208030203608004298		（华夏公司　911100045678106630　发票专用章）

收款人：李二军　　复核：王一苏　　开票人：杜煦　　销售方：（章）

第三联　发票联　购买方记账凭证

表 12-1 B　江苏增值税专用发票

3200173355　　江苏增值税专用发票　　№ 29057525　3200173355 29057525

（全国统一发票监制章 江苏 国家税务局监制）

机器编号：369098669862　　开票日期：2018 年 12 月 01 日

购买方	名　　称：润扬机械股份有限公司 纳税人识别号：321812132062219T 地 址 、电 话：扬州市江洲路 101 号 开户行及账号：中国工商银行扬州市支行城东分理处　1108020209007654321	密码区	03 * 3187 <4/ +8490 < +95 -59 +7 <243 4987 <0— >> -6 >525 <693719 ->7 * 7 87 * 3187 <4/ +8490 < +95708681380 9 <712/ <1 +9016 >6906 ++>84 >93/ -

货物或应税劳务、服务名称	规格型号	单位	数量	单价	金额	税率	税额
*金属制品*甲材料			50 000	18.00	900 000.00	16%	144 000.00
合计					¥900 000.00		¥144 000.00
价税合计(大写)	⊗壹佰零肆万肆仟元整				(小写)¥1 044 000.00		

销售方	名　　称：华夏公司 纳税人识别号：320600003142638A 地 址 、电 话：南京市青年路 118 号　51429038 开户行及账号：中国工商银行南京市青年路支行　1208030203608004298	备注	华夏公司 931110045678106630 发票专用章

收款人：李二军　　复核：王一苏　　开票人：杜煦　　销售方：(章)

第二联　抵扣联　购买方扣税凭证

表 12-1 C　江苏增值税专用发票

3200174711　　江苏增值税专用发票　　№ 29083879　3200174711 29083879

（全国统一发票监制章 江苏 国家税务局监制）

机器编号：369098666389　　开票日期：2018 年 12 月 01 日

购买方	名　　称：润扬机械股份有限公司 纳税人识别号：321812132062219T 地 址 、电 话：扬州市江洲路 101 号 开户行及账号：中国工商银行扬州市支行城东分理处　1108020209007654321	密码区	03 * 3187 <4/ +8490 < +95 -59 +7 <243 4987 <0— >> -6 >525 <693719 ->7 * 7 87 * 3187 <4/ +8490 < +95708681380 9 <712/ <1 +9016 >6906 ++>84 >93/ -

货物或应税劳务、服务名称	规格型号	单位	数量	单价	金额	税率	税额
*运输服务*运费			1	2 000.00	2 000.00	10%	200.00
合计					¥2 000.00		¥200.00
价税合计(大写)	⊗贰仟贰佰元整				(小写)¥2 200.00		

销售方	名　　称：扬州市金方园运输公司 纳税人识别号：310113695827666J 地 址 、电 话：扬州市柏林路 145 号 开户行及账号：中国工商银行扬州市支行新城分理处　1108020209007	备注	扬州市金方园运输公司 913210145678108943 发票专用章

收款人：王二军　　复核：王苏　　开票人：李林　　销售方：(章)

第三联　发票联　购买方记账凭证

表 12-1 D　江苏增值税专用发票

3200174711　　江苏增值税专用发票　　№ 29083879　3200174711 29083879

全国统一发票监制章 江苏 国家税务局监制

机器编号：369098666389　　开票日期：2018 年 12 月 01 日

购买方	名　　称：润扬机械股份有限公司 纳税人识别号：321812132062219T 地 址 、电 话：扬州市江洲路 101 号 开户行及账号：中国工商银行扬州市支行城东分理处　1108020209007654321	密码区	03 * 3187 <4/ +8490 < +95 -59 +7 <243 4987 <0—>> -6 >525 <693719 ->7 * 7 87 * 3187 <4/ +8490 < +95708681380 9 <712/ <1 +9016 >6906 ++>84 >93/ -

货物或应税劳务、服务名称	规格型号	单位	数量	单价	金额	税率	税额
* 运输服务 * 运费			1	2 000.00	2 000.00	10%	200.00
合计					¥2 000.00		¥200.00
价税合计(大写)	⊗贰仟贰佰元整				(小写) ¥2 200.00		

销售方	名　　称：扬州市金方园运输公司 纳税人识别号：310113695827666J 地 址 、电 话：扬州市柏林路 145 号 开户行及账号：中国工商银行扬州市支行新城分理处 1108020209007456786	备注	扬州市金方园运输公司 913210145678108943 发票专用章

收款人：王二军　　复核：王苏　　开票人：李林　　销售方：(章)

第二联 抵扣联 购买方扣税凭证

表 12-1 E　网上银行电子回单

中国工商银行　　网上银行电子回单

电子回单号码：0021-2860-3302-2550　　打印日期：2018 年 12 月 01 日

付款人	户　名	润扬机械股份有限公司	收款人	户　名	华夏公司
	账　号	1108020209007654321		账　号	1208030203608004298
	开户银行	中国工商银行扬州市支行城东分理处		开户银行	中国工商银行南京市青年路支行
金　额		¥ 1,046,200.00	金额(大写)		壹佰零肆万陆仟贰佰元整
摘　要		支付货款及代垫运费	业务(产品)种类		
用　途					
交易流水号		03435660	时间戳		2018-12-01-09. 35. 22. 237421
中国工商银行 电子回单专用章		备注： 验证码：sxDFD/efASC06668tSswr/68dAER			
记账网点	20101	记账柜员	2	记账日期	2018 年 12 月 01 日

重要提示：

1. 如果您是收款方，请到工行网站 www. icbc. com. cn 电子回单验证处进行回单验证。2. 本回单不作为收款方发货依据，并请勿重复记账。3. 您可以选择发送邮件，将此电子回单发送给指定的接收人。

表 12-2 A　江苏增值税专用发票

3200173355　　江苏增值税专用发票　　№ 29052213　　3200173355 29052213

全国统一发票监制章 江苏 国家税务局监制

机器编号：369098666636　　开票日期：2018 年 12 月 01 日

购买方	名　　称：润扬机械股份有限公司 纳税人识别号：321812132062219T 地 址 、电 话：扬州市江洲路 101 号 开户行及账号：中国工商银行扬州市支行城东分理处 1108020209007654321	密码区	03 ∗ 3187 <4/ +8490 < +95 −59 +7 <243 4987 <0— >> −6 >525 <693719 −>7 ∗ 7 87 ∗ 3187 <4/ +8490 < +95708681380 9 <712/ <1 +9016 >6906 ++>84 >93/ −

货物或应税劳务、服务名称	规格型号	单位	数量	单价	金额	税率	税额
∗机床∗车床			10	90 000.00	900 000.00	16%	144 000.00
合计					¥900.00		¥144 000.00
价税合计(大写)	⊗壹佰零肆万肆仟元整				(小写) ¥1 044 000.00		

销售方	名　　称：润扬机电有限责任公司 纳税人识别号：321812136677890R 地 址 、电 话：扬州市城西路 208 号 开户行及账号：中国工商银行扬州市支行城西分理处 1108020209005432167	备注	润扬机电有限责任公司 913210021228106630 发票专用章

收款人：姚军　　复核：王林军　　开票人：杜小丽　　销售方：(章)

第三联 发票联 购买方记账凭证

表 12-2 B　江苏增值税专用发票

3200173355　　江苏增值税专用发票　　№ 290522213　　3200173355 29052213

全国统一发票监制章 江苏 国家税务局监制

机器编号：369098666636　　开票日期：2018 年 12 月 01 日

购买方	名　　称：润扬机械股份有限公司 纳税人识别号：321812132062219T 地 址 、电 话：扬州市江洲路 101 号 开户行及账号：中国工商银行扬州市支行城东分理处 1108020209007654321	密码区	03 ∗ 3187 <4/ +8490 < +95 −59 +7 <243 4987 <0— >> −6 >525 <693719 −>7 ∗ 7 87 ∗ 3187 <4/ +8490 < +95708681380 9 <712/ <1 +9016 >6906 ++>84 >93/ −

货物或应税劳务、服务名称	规格型号	单位	数量	单价	金额	税率	税额
∗机床∗车床			10	90 000.00	900 000.00	16%	144 000.00
合计					¥900 000.00		¥144 000.00
价税合计(大写)	⊗壹佰零肆万肆仟元整				(小写) ¥1 044 000.00		

销售方	名　　称：润扬机电有限责任公司 纳税人识别号：321812136677890R 地 址 、电 话：扬州市城西路 208 号 开户行及账号：中国工商银行扬州市支行城西分理处 1108020209005432167	备注	润扬机电有限责任公司 913210021228106630 发票专用章

收款人：姚军　　复核：王林军　　开票人：杜小丽　　销售方：(章)

第二联 抵扣联 购买方扣税凭证

表 12-2 C　江苏增值税专用发票

3200174711　　　**江苏增值税专用发票**　　　№ 29083632　　3200174711 29083632

（全国统一发票监制章　江苏　国家税务局监制）

机器编号：369098666262　　　　　　开票日期：2018 年 12 月 01 日

购买方	名　　称：润扬机械股份有限公司 纳税人识别号：321812132062219T 地 址 、电 话：扬州市江洲路 101 号 开户行及账号：中国工商银行扬州市支行城东分理处 1108020209007654321	密码区	03 * 3187 <4/ +8490 < +95 -59 +7 <243 4987 <0— >> -6 >525 <693719 ->7 *7 87 * 3187 <4/ +8490 < +95708681380 9 <712/ <1 +9016 >6906 ++>84 >93/ -

货物或应税劳务、服务名称	规格型号	单位	数量	单价	金额	税率	税额
*运输服务*车床			1	5 000.00	5 000.00	10%	500.00
合计					¥5 000.00		¥500.00
价税合计(大写)	⊗伍仟伍佰元整				(小写) ¥5 500.00		

销售方	名　　称：扬州市华南运输公司 纳税人识别号：310113695827333H 地 址 、电 话：扬州市华南路 145 号 开户行及账号：中国工商银行扬州市支行华南分理处 1108020209007456653	备注	（扬州市华南运输公司 913210245678108922 发票专用章）

收款人：李木　　　复核：王长林　　　开票人：刘长平　　　销售方：(章)

第三联　发票联　购买方记账凭证

表 12-2 D　江苏增值税专用发票

3200174711　　　**江苏增值税专用发票**　　　№ 29083632　　3200174711 29083632

（全国统一发票监制章　江苏　国家税务局监制）

机器编号：369098666262　　　　　　开票日期：2018 年 12 月 01 日

购买方	名　　称：润扬机械股份有限公司 纳税人识别号：321812132062219T 地 址 、电 话：扬州市江洲路 101 号 开户行及账号：中国工商银行扬州市支行城东分理处 1108020209007654321	密码区	03 * 3187 <4/ +8490 < +95 -59 +7 <243 4987 <0— >> -6 >525 <693719 ->7 *7 87 * 3187 <4/ +8490 < +95708681380 9 <712/ <1 +9016 >6906 ++>84 >93/ -

货物或应税劳务、服务名称	规格型号	单位	数量	单价	金额	税率	税额
*运输服务*运费			1	5 000.00	5 000.00	10%	500.00
合计					¥5 000.00		¥500.00
价税合计(大写)	⊗伍仟伍佰元整				(小写) ¥5 500.00		

销售方	名　　称：扬州市华南运输公司 纳税人识别号：310113695827333H 地 址 、电 话：扬州市华南路 145 号 开户行及账号：中国工商银行扬州市支行华南分理处 1108020209007456653	备注	（扬州市华南运输公司 913210245678108922 发票专用章）

收款人：李木　　　复核：王长林　　　开票人：刘长平　　　销售方：(章)

第二联　抵扣联　购买方扣税凭证

表 12-2 E　网上银行电子回单

中国工商银行　　网上银行电子回单

电子回单号码：0021-2860-3302-2550　　　　打印日期：2018 年 12 月 01 日

付款人	户　名	润扬机械股份有限公司	收款人	户　名	润扬机电有限责任公司
	账　号	1108020209007654321		账　号	1108020209005432167
	开户银行	中国工商银行扬州市支行城东分理处		开户银行	中国工商银行扬州市支行城西分理处
金　额		￥1,049,500.00	金额(大写)		壹佰零肆万玖仟伍佰元整
摘　要		支付机床款及代垫运费	业务(产品)种类		
用　途					
交易流水号		03435458	时间戳		2018-12-01-09.35.22.237421
中国工商银行 电子回单专用章		备注： 验证码：sxDFD/efASC23668tSswr/68dAER			

记账网点	20101	记账柜员	2	记账日期	2018 年 12 月 01 日

重要提示：

1. 如果您是收款方，请到工行网站 www.icbc.com.cn 电子回单验证处进行回单验证。2. 本回单不作为收款方发货依据，并请勿重复记账。3. 您可以选择发送邮件，将此电子回单发送给指定的接收人。

表 12-3 A　江苏增值税专用发票

3200173320　　　　江苏增值税专用发票　　　　№ 18057322　　3200173320 18057322

（全国统一发票监制章　江苏　国家税务局监制）

机器编号：499098669645　　　　　　　　开票日期：2018 年 12 月 01 日

购买方	名　称：上海市易讯公司 纳税人识别号：310113695827281Y 地址、电话：上海市迎新路 363 号 开户行及账号：中国工商银行上海市分行闵行分理处 3108020209007456238				密码区	03 * 3187 <4/ +8490 < +95 -59 +7 <243 4987 <0—>> -6 >525 <693719 ->7 * 7 87 * 3187 <4/ +8490 < +95708681380 9 <712/ <1 +9016 >6906 ++>84 >93/ -		
货物或应税劳务、服务名称	规格型号	单位	数量	单价	金额	税率	税额	
* 小型起重设备 * A 产品		件	21 000	100.00	2 100 000.00	16%	336 000.00	
* 交通运输设备 * B 产品		件	12 000	75.00	900 000.00	16%	144 000.00	
合计					￥3 000 000.00		￥480 000.00	
价税合计(大写)	⊗叁佰肆拾捌万元整				(小写)￥3 480 000.00			
销售方	名　称：润扬机械股份有限公司 纳税人识别号：321812132062219T 地址、电话：扬州市江洲路 101 号 开户行及账号：中国工商银行扬州市支行城东分理处 1108020209007654321				备注	润扬机械股份有限公司 913210024567810890 发票专用章		

第一联　记账联　销售方记账凭证

收款人：黄敏　　　　复核：吴洁　　　　开票人：罗静　　　　销售方：(章)

表 12-3 B 商业信用凭证

商业信用凭证

信用种类	赊销	付款单位	全称	上海市易讯公司
信用条件	2/10，1/20，n/30		账号	3108020209007456238
信用金额	￥3 480 000.00		开户行	中国工商银行上海市分行闵行分理处
金额大写：人民币叁佰肆拾捌万元整				

财务负责人：张康　　　　购货单位经办人：张斌

表 12-4 材料入库单

润扬机械股份有限公司

材料入库单

2018 年 12 月 03 日　　　　收　字第 0020 号

供应者华夏公司发票 29057525 号						2018 年 12 月 03 日收到			
编号	材料名称	规格	应收数量	实收数量	单位	实际成本			
						单价	总价	运费	合计
	甲材料		50 000	50 000	kg	18.00	900 000.00	2 000.00	902 000.00
	合计						900 000.00	2 000.00	902 000.00
计划成本		1 000 000.00	验收人盖章		王平	合计￥902 000.00			
备注									

第三联 送会计部门

供销主管　　　　采购　　　　制单 王平

表 12-5 A　江苏增值税专用发票

3200176611　　江苏增值税专用发票　　№ 29057625　　3200176611 29057625

（印章：全国统一发票监制章 江苏 国家税务局监制）

机器编号：369098669393　　开票日期：2018 年 12 月 05 日

购买方	名　称：润扬机械股份有限公司 纳税人识别号：321812132062219T 地 址、电 话：扬州市江洲路 101 号 开户行及账号：中国工商银行扬州市支行城东分理处　1108020209007654321			密码区	03 * 3187 <4/ +8490 < +95 −59 +7 <243 4987 <0— >> −6 >525 <693719 −>7 * 7 87 * 3187 <4/ +8490 < +95708681380 9 <712/ <1 +9016 >6906 ++>84 >93/ −		
货物或应税劳务、服务名称	规格型号	单位	数量	单价	金额	税率	税额
* 液压无件 * 乙材料			30 000	29.00	870 000.00	16%	139 200.00
合计					¥870 000.00		¥139 200.00
价税合计（大写）	⊗壹佰万玖仟贰佰元整				（小写）¥1 009 200.00		
销售方	名　称：扬州向阳公司 纳税人识别号：322000120095462K 地 址、电 话：扬州市江都路 39 号　87741230 开户行及账号：中国工商银行扬州市支行大桥分理处　1108020209004152639				备注	（印章：扬州向阳公司 913210025678106630 发票专用章）	

收款人：李二军　　复核：王一苏　　开票人：杜煦　　销售方：（章）

第三联　发票联　购买方记账凭证

表 12-5 B　江苏增值税专用发票

3200176611　　江苏增值税专用发票　　№ 29057625　　3200176611 29057625

（印章：全国统一发票监制章 江苏 国家税务局监制）

机器编号：369098669393　　开票日期：2018 年 12 月 05 日

购买方	名　称：润扬机械股份有限公司 纳税人识别号：321812132062219T 地 址、电 话：扬州市江洲路 101 号 开户行及账号：中国工商银行扬州市支行城东分理处　1108020209007654321			密码区	03 * 3187 <4/ +8490 < +95 −59 +7 <243 4987 <0— >> −6 >525 <693719 −>7 * 7 87 * 3187 <4/ +8490 < +95708681380 9 <712/ <1 +9016 >6906 ++>84 >93/ −		
货物或应税劳务、服务名称	规格型号	单位	数量	单价	金额	税率	税额
* 液压元件 * 乙材料			30 000	29.00	870 000.00	16%	139 200.00
合计					¥870 000.00		¥139 200.00
价税合计（大写）	⊗壹佰万玖仟贰佰元整				（小写）¥1 009 200.00		
销售方	名　称：扬州向阳公司 纳税人识别号：322000120095462K 地 址、电 话：扬州市江都路 39 号　87741230 开户行及账号：中国工商银行扬州市支行大桥分理处　1108020209004152639				备注	（印章：扬州向阳公司 913210025678106630 发票专用章）	

收款人：李二军　　复核：王一苏　　开票人：杜煦　　销售方：（章）

第二联　抵扣联　购买方扣税凭证

表 12-5 C　材料入库单

润扬机械股份有限公司

材料入库单　　收

2018 年 12 月 05 日　　　　字第 0021 号

供应者扬州向阳公司发票 29057625 号						2018 年 12 月 05 日收到			
编号	材料名称	规格	应收数量	实收数量	单位	实际成本			
						单价	总价	运费	合计
	乙材料		30 000	30 000	kg	29.00	870 000.00		870 000.00
	合计						870 000.00		870 000.00
计划成本		900 000.00	验收人盖章	王平		合计￥ 870 000.00			
备注									

第三联　送会计部门

供销主管　　　　采购　　　　制单　王平

表 12-5 D　网上银行电子回单

中国工商银行　　网上银行电子回单

电子回单号码：0021-2860-3302-5896　　　　打印日期：2018 年 12 月 05 日

付款人	户　名	润扬机械股份有限公司	收款人	户　名	扬州向阳公司
	账　号	1108020209007654321		账　号	1208030203608004298
	开户银行	中国工商银行扬州市支行城东分理处		开户银行	中国工商银行南京市青年路支行
金　额		￥ 1,009,200.00	金额(大写)		壹佰万玖仟贰佰元整
摘　要		支付货款	业务(产品)种类		
用　途					
交易流水号		03435660	时间戳		2018-12-05-09. 12. 22. 237421
中国工商银行 电子回单专用章		备注：			
		验证码：sxDFD/efASC06638tSswr/68dASD			
记账网点	20101	记账柜员	2	记账日期	2018 年 12 月 05 日

重要提示：

1. 如果您是收款方，请到工行网站 www. icbc. com. cn 电子回单验证处进行回单验证。2. 本回单不作为收款方发货依据，并请勿重复记账。3. 您可以选择发送邮件，将此电子回单发送给指定的接收人。

表 12-6　网上银行电子回单

中国工商银行　　网上银行电子回单

电子回单号码：0021-2860-3302-3688　　　　打印日期：2018 年 12 月 08 日

<table>
<tr><td rowspan="3">付款人</td><td>户　名</td><td>上海市易讯公司</td><td rowspan="3">收款人</td><td>户　名</td><td colspan="2">润扬机械股份有限公司</td></tr>
<tr><td>账　号</td><td>3108020209007450000</td><td>账　号</td><td colspan="2">1108020209007654321</td></tr>
<tr><td>开户银行</td><td>中国工商银行上海市分行闵行分理处</td><td>开户银行</td><td colspan="2">中国工商银行扬州市支行城东分理处</td></tr>
<tr><td colspan="2">金　额</td><td>￥ 4,310,000.00</td><td colspan="2">金额(大写)</td><td colspan="2">肆佰叁拾壹万元整</td></tr>
<tr><td colspan="2">摘　要</td><td>支付货款</td><td colspan="2">业务(产品)种类</td><td colspan="2"></td></tr>
<tr><td colspan="2">用　途</td><td colspan="5"></td></tr>
<tr><td colspan="2">交易流水号</td><td>03435445</td><td colspan="2">时间戳</td><td colspan="2">2018-12-08-09. 35. 22. 237421</td></tr>
<tr><td colspan="2" rowspan="2">中国工商银行
电子回单
专用章</td><td colspan="5">备注：</td></tr>
<tr><td colspan="5">验证码：sxDFD/efASC23668tSswr/68dMNB</td></tr>
<tr><td colspan="2">记账网点</td><td>20101</td><td colspan="2">记账柜员　2</td><td>记账日期</td><td>2018 年 12 月 08 日</td></tr>
</table>

重要提示：

1. 如果您是收款方，请到工行网站 www. icbc. com. cn 电子回单验证处进行回单验证。2. 本回单不作为收款方发货依据，并请勿重复记账。3. 您可以选择发送邮件，将此电子回单发送给指定的接收人。

表 12-7　成交过户交割凭单

成交过户交割凭单

成交日期：2018 年 12 月 10 日　　　　卖

股东编号：	A116283968(取)	成交证券：	云南白药
电脑编号：	6699	成交数量：	30 000(股)
公司代号：	098		
申请编号：	968	成交价格：	90.00
申报时间：	09:35:48	成交金额：	2 700 000.00
成交时间：	10:46:58	标准佣金：	2 700.00
上次余额：	50 000(股)	过户费用：	1.00
本次成交：	30 000(股)	印花税：	2 700.00
本次余额：	20 000(股)	应收金额：	2 694 594.00
附加费用：	5.00	最终余额：	1 400 000
注：交易前交易性金融资产—成本　1 800 000.00 —公允价值变动　300 000.00		实收金额：2 694 594.00	

客户联

经办单位：海通证券汶河营业部　　　　客户签章：润扬机械股份有限公司

表 12-8 A　中华人民共和国电子缴税(费)凭证

中华人民共和国
电子缴税(费)凭证

打印日期:2018－12－15　　　　税 10201831836125

纳税人代码	321812132062219			主管税务机关	国家税务总局扬州市广陵税务局				
纳税人全称	润扬机械股份有限公司			开户银行	中国工商银行润扬扬州市支行城东分理处				
缴款人名称	润扬机械股份有限公司			银行账号	1108020209007654321				
社保代码									
电子缴款书号	征收项目名称	征收品目名称	征收子目名称	所属时间	实缴金额	缴款日期	税款属性	国库	备注
3210180310000081187	增值税	货物		2018－11－01 至 2018－11－30	74 590.00	2018－12－15	一般申报	国家金库广陵区支库	
3210180310000081188	城市维护建设税	市区(增值税附征)		2018－11－01 至 2018－11－30	5 221.30	2018－12－15	一般申报	国家金库广陵区支库	
3210180310000081189	教育费附加	增值税教育费附加		2018－11－01 至 2018－11－30	2 237.70	2018－12－15	一般申报	国家金库广陵区支库	
3210180310000081190	地方教育费附加	增值税地方教育费附加		2018－11－01 至 2018－11－30	1 491.80	2018－12－15	一般申报	国家金库广陵区支库	
金额合计	捌万叁仟伍佰肆拾元捌角整				¥83 540.80				
注:1. 本缴款凭证仅作为纳税人记账核算凭证使用电子缴税的,需与银行对账单电子划缴记录核对一致方有效。纳税人如需汇总开具正式完税证明,请凭税务登记证或身份证明到主管税务机关开具。 2. 打印此票的次日以后,方可到税务部门换开正式完税凭证。									

国家税务总局江苏省税务局
(套印)电子缴费专用章

表 12-8 B　中国工商银行电子缴税付款凭证

中国工商银行　　电子缴税付款凭证

转账日期:2018 年 12 月 15 日　　　　凭证字号: 2018101555027002

纳税人全称及纳税人识别号: 润扬机械股份有限公司　321812132062219T
付款人全称: 润扬机械股份有限公司　　征收机关名称: 国家税务总局扬州市广陵区国税局
付款人账号: 1108020209007654321　　收款国库(银行)名称: 国家金库广陵区支库
付款人开户银行: 中国工商银行扬州市支行城东分理处　　缴款书交易流水号: 55027256
小写(合计)金额: ¥83 540.80
大写(合计)金额: 人民币捌万叁仟伍佰肆拾元捌角整　税票号码: 32101803100000081187、32101803100000081188、32101803100000081189、32101803100000081190

税(费)种名称	所属日期	实缴金额
增值税	2018 - 11 - 01 至 2018 - 11 - 30	74 590.00
城市维护建设税	2018 - 11 - 01 至 2018 - 11 - 30	5 221.30
教育费附加	2018 - 11 - 01 至 2018 - 11 - 30	2 237.70
地方教育费附加	2018 - 11 - 01 至 2018 - 11 - 30	1 491.80

中国工商银行扬州市支行城东分理处 2018.12.15 收讫 (2)

第 1 次打印　地区号　0514　　[打印时间]　2018 年 12 月 15 日

第二联　作付款回单(无银行收讫章无效)　复核: 张林　记账: 李云　柜台号 02010

表 12-9 A　固定资产清理报废单

固定资产清理报废单

2018 年 12 月 16 日

<table>
<tr><td>型号</td><td>资产名称</td><td>计量单位</td><td>数量</td><td>原始价值</td><td>已提折旧</td><td>净值</td><td>支付清理费</td><td>变价收入</td></tr>
<tr><td>JC2008</td><td>车床</td><td>台</td><td>1</td><td>20 000.00</td><td>18 000.00</td><td>2 000</td><td>50</td><td>500</td></tr>
<tr><td>制造单位</td><td colspan="2">扬州机床厂</td><td colspan="2">预计使用年限</td><td colspan="2">10</td><td rowspan="3">申请报废原因</td><td rowspan="3">不能使用</td></tr>
<tr><td>制造日期</td><td colspan="2">2008 年 12 月 29 日</td><td colspan="2" rowspan="2">实际使用年限</td><td colspan="2" rowspan="2">9</td></tr>
<tr><td>使用部门</td><td colspan="2">生产车间</td></tr>
</table>

会计主管:　　出纳:　　复核: 吴洁　　记账: 罗静　　制单: 姚远

表 12-9 B　江苏增值税专用发票

3200173320　　江苏增值税专用发票　　№ 18057212　　3200173320 18057212

（全国统一发票监制章 江苏 国家税务局监制）

机器编号：499098669645　　　　开票日期：2018 年 12 月 16 日

购买方	名　　称：扬州市渡江废品回收公司 纳税人识别号：310113695827965W 地 址 、电 话：扬州市渡江路 363 号 开户行及账号：中国工商银行扬州市支行渡江分理处 3108020209007456666			密码区	03 * 3187 <4/ +8490 < +95 -59 +7 <243 4987 <0— >> -6 >525 <693719 ->7 *7 87 * 3187 <4/ +8490 < +95708681380 9 <712/ <1 +9016 >6906 ++>84 >93/ -		
货物或应税劳务、服务名称	规格型号	单位	数量	单价	金额	税率	税额
*机床*车床		台	1	500.00	500.00	16%	80.00
合计					¥500.00		¥80.00
价税合计(大写)	⊗伍佰捌拾元整				(小写) ¥580.00		
销售方	名　　称：润扬机械股份有限公司 纳税人识别号：321812132062219T 地 址 、电 话：扬州市江洲路 101 号　87991530 开户行及账号：中国工商银行扬州市支行城东分理处 1108020209007654321			备注	（润扬机械股份有限公司 913210024567810890 发票专用章）		

（现金收讫）

收款人：黄敏　　复核：吴洁　　开票人：罗静　　销售方：(章)

第一联 记账联 销售方记账凭证

表 12-9 C　江苏增值税专用发票

3200174711　　江苏增值税专用发票　　№ 29083732　　3200174711 29083732

（全国统一发票监制章 江苏 国家税务局监制）

机器编号：369098666262　　　　开票日期：2018 年 12 月 16 日

购买方	名　　称：润扬机械股份有限公司 纳税人识别号：321812132062219T 地 址 、电 话：扬州市江洲路 101 号 开户行及账号：中国工商银行扬州市支行城东分理处　1108020209007654321			密码区	03 * 3187 <4/ +8490 < +95 -59 +7 <243 4987 <0— >> -6 >525 <693719 ->7 *7 87 * 3187 <4/ +8490 < +95708681380 9 <712/ <1 +9016 >6906 ++>84 >93/ -		
货物或应税劳务、服务名称	规格型号	单位	数量	单价	金额	税率	税额
*运输服务*运费			1	50.00	50.00	10%	5.00
合计					¥50.00		¥5.00
价税合计(大写)	⊗伍拾伍元整				(小写) ¥55.00		
销售方	名　　称：扬州市华南运输公司 纳税人识别号：310113695827333H 地 址 、电 话：扬州市华南路 145 号 开户行及账号：中国工商银行扬州市支行华南分理处 1108020209007456653			备注	（扬州市华南运输公司 913210245678108922 发票专用章）		

（现金付讫）

收款人：李木　　复核：王长林　　开票人：刘长平　　销售方：(章)

第三联 发票联 购买方记账凭证

表 12-9 D　江苏增值税专用发票

3200174711　　江苏增值税专用发票　　№ 29057732　　3200174711 29057732

（全国统一发票监制章　江苏　国家税务局监制）

机器编号：369098669862　　　　　　　　开票日期：2018 年 12 月 16 日

购买方	名　　称：润扬机械股份有限公司 纳税人识别号：321812132062219T 地 址 、电 话：扬州市江洲路 101 号 开户行及账号：中国工商银行扬州市支行城东分理处 1108020209007654321				密码区	03 * 3187 <4/ +8490 < +95 -59 +7 <243 4987 <0— >> -6 >525 <693719 ->7 * 7 87 * 3187 <4/ +8490 < +95708681380 9 <712/ <1 +9016 >6906 ++>84 >93/ -		
货物或应税劳务、服务名称	规格型号	单位	数量	单价	金额	税率	税额	
*运输服务*运费			1	50.00	50.00	10%	5.00	
合计					¥50.00		¥5.00	
价税合计(大写)	⊗伍拾伍元整			（小写）¥55.00				
销售方	名　　称：扬州市华南运输公司 纳税人识别号：310113695827333H 地 址 、电 话：扬州市华南路 145 号 开户行及账号：中国工商银行扬州市支行华南分理处 1108020209007456653				备注	（扬州市华南运输公司 913210245678108922 发票专用章）		

收款人：李二军　　　复核：王一苏　　　开票人：杜煦　　　销售方：(章)

第二联　抵扣联　购买方扣税凭证

表 12-10　网上银行电子回单

中国工商银行　　网上银行电子回单

电子回单号码：0021-2860-3302-2455　　　　　　打印日期：2018 年 12 月 17 日

付款人	户　名	润扬机械股份有限公司	收款人	户　名	江扬金属材料有限责任公司
	账　号	1108020209007654321		账　号	1108020209005432192
	开户银行	中国工商银行扬州市支行城东分理处		开户银行	中国工商银行扬州市支行城西分理处
金　额		￥ 1,000,000.00	金额(大写)		壹佰万元整
摘　要		支付到期的银行承兑汇票款项	业务(产品)种类		
用　途					
交易流水号		03435224	时间戳		2018-12-17-09. 35. 22. 237421
（中国工商银行 电子回单 专用章）		备注： 验证码：sxDFD/efASC23228tSswr/68dMNB			
记账网点	20101	记账柜员	2	记账日期	2018 年 12 月 17 日

重要提示：

1. 如果您是收款方，请到工行网站 www. icbc. com. cn 电子回单验证处进行回单验证。2. 本回单不作为收款方发货依据，并请勿重复记账。3. 您可以选择发送邮件，将此电子回单发送给指定的接收人。

表 12-11 A　江苏增值税专用发票

3200173322　　江苏增值税专用发票　　№ 18057666　3200173322 18057666

（全国统一发票监制章 江苏 国家税务局监制）

机器编号：499098669677　　　　开票日期：2018 年 12 月 18 日

购买方	名　　称：上海市松江物资公司 纳税人识别号：310113695827333S 地 址 、电 话：上海市松江路 368 号 开户行及账号：中国工商银行上海市分行松江分理处 3108020209007456245				密码区	03 * 3187 <4/ +8490 < +95 -59 +7 <243 4987 <0— >> -6 >525 <693719 ->7 * 7 87 * 3187 <4/ +8490 < +95708681380 9 <712/ <1 +9016 >6906 ++>84 >93/ -	
货物或应税劳务、服务名称	规格型号	单位	数量	单价	金额	税率	税额
* 小型起重设备 * A 产品		件	61 000	100.00	6 100 000.00	16%	976 000.00
* 交通运输设备 * B 产品		件	12 000	75.00	900 000.00	16%	144 000.00
合计					¥7 000 000.00		¥1 120 000.00
价税合计（大写）	⊗捌佰壹拾贰万元整				（小写）¥8 120 000.00		
销售方	名　　称：润扬机械股份有限公司 纳税人识别号：321812132062219T 地 址 、电 话：扬州市江洲路 101 号　87991530 开户行及账号：中国工商银行扬州市支行城东分理处 1108020209007654321				备注	（润扬机械股份有限公司 913210024567810890 发票专用章）	

收款人：黄敏　　复核：吴洁　　开票人：罗静　　销售方：（章）

第一联　记账联　销售方记账凭证

表 12-11 B　网上银行电子回单

中国工商银行　　网上银行电子回单

电子回单号码：0021-2860-3302-6789　　　　打印日期：2018 年 12 月 18 日

付款人	户　名	上海市松江物资公司	收款人	户　名	润扬机械股份有限公司
	账　号	3108020209007456245		账　号	1108020209007654321
	开户银行	中国工商银行上海市分行松江分理处		开户银行	中国工商银行扬州市支行城东分理处
金　额		¥ 8,120,000.00	金额（大写）		捌佰壹拾贰万元整
摘　要		收到货款	业务（产品）种类		
用　途					
交易流水号		03435125	时间戳		2018-12-18-09.35.22.237421
（中国工商银行 电子回单专用章）		备注： 验证码：sxDFD/efASC36928tSswr/68dMNB			
记账网点	20101	记账柜员	2	记账日期	2018 年 12 月 18 日

重要提示：

1. 如果您是收款方，请到工行网站 www. icbc. com. cn 电子回单验证处进行回单验证。2. 本回单不作为收款方发货依据，并请勿重复记账。3. 您可以选择发送邮件，将此电子回单发送给指定的接收人。

表 12-12 A　电子银行承兑汇票

电子银行承兑汇票　　2

出票日期：2018/09/19　　票据状态：

汇票到期日：2018/12/19　　票据号码：130131200672220180908249285467

出票人	全称	上海市易讯公司	收款人	全称	润扬机械股份有限公司
	账号	3108020209007456238		账号	1108020209007654321
	开户银行	中国工商银行上海市分行闵行分理处		开户银行	中国工商银行扬州市支行城东分理处
出票保证信息	保证人名称：		保证人地址：		保证日期：

		十	亿	千	百	十	万	千	百	十	元	角	分
票据金额	人民币（大写）贰佰万元整			¥	2	0	0	0	0	0	0	0	0

承兑人信息	全称	中国工商银行上海市分行闵行分理处	开户行行号	310802020900
	账号	0	开户行名称	市工行闵行分理处
交易合同号		承兑信息	出票人承诺：本汇票请予以承兑，到期无条件付款	
能否转让	可以转让		承兑人承兑：本汇票已经承兑，到期无条件付款 承兑日期：2018/09/19	
承总保证信息	保证人名称：	保证人地址：	保证日期：	
评级信息（由出票人、承兑人自己记载，仅供参考）	出票人	评级主体：	信用等级：	评级到期日：
	承兑人	评级主体：	信用等级：	评级到期日：

表 12-12 B　托收凭证

托收凭证（受理回单）　　1

委托日期：2018 年 12 月 19 日

业务类型	委托收款（□邮划、□电划）　托收承付（□邮划、☑电划）						
付款人	全称	上海市易讯公司		收款人	全称	润扬机械股份有限公司	
	账号	3108020209007456238			账号	1108020209007654321	
	地址	上海市县	开户银行：中国工商银行上海市分行闵行分理处		地址	江苏省扬州市县	开户银行：中国工商银行扬州市支行城东分理处

		亿	千	百	十	万	千	百	十	元	角	分
金额	人民币（大写）贰佰万元整		¥	2	0	0	0	0	0	0	0	0

款项内容	销售产品并代垫运费	托收凭据名称	托收承付	附寄单据张数	
商品发运情况	已发出			合同名称号码	
备注： 复核　　记账		款项收妥日期 年　月　日		年　月　日	

中国工商银行扬州市支行城东分理处
20180919
回单
（2）

此联作收款人开户银行给收款人的受理回单

表 12-12 C　托收凭证

托收凭证(收款通知)　　3

委托日期：2018 年 12 月 19 日

业务类型	委托收款(□邮划、□电划)　托收承付(□邮划、☑电划)						
付款人	全称	上海市易讯公司		收款人	全称	润扬机械股份有限公司	
	账号	310802020900745 6238			账号	11080202090076 54321	
	地址	上海 市/县	开户银行：中国工商银行上海市分行闵行分理处		地址	江苏省扬州 市/县	开户银行：中国工商银行扬州市支行城东分理处

金额	人民币(大写) 贰佰万元整	亿	千	百	十	万	千	百	十	元	角	分
			¥	2	0	0	0	0	0	0	0	0

款项内容	销售产品并代垫运费	托收凭据名称	托收承付	附寄单据张数	
商品发运情况	已发出			合同凭证号码	
备注： 复核　　记账		款项收妥日期 2018 年 12 月 19 日		中国工商银行扬州市支行城东分理处 201809016 收款通知 (2) 年　月　日	

此联作收款人开户银行给收款人的收款通知

表 12-13 A　固定资产出售调拨单

固定资产出售调拨单

调出单位：润扬机械股份有限公司

调入单位：扬州市汽车修理厂		2018 年 12 月 20 日				调拨单号：2100			
调拨资产名称		有偿							
固定资产名称	规格及型号	单位	数量	预计使用年限	已使用年限	原值	已提折旧	净值	协商价格
车床	C620	台	1	10 年	6 年	100 000.00	60 000.00	40 000.00	35 000.00

调出单位(公章)　　　　调入单位(公章)

公章：　　　　公章：

财务：　　　　财务：

经办：　　　　经办：

扬州市汽车修理厂 45678865432 财务专用章　　润扬机械股份有限公司 45678103456 财务专用章

会计主管：张康　　稽核：吴洁　　制单：罗静

表 12-13 B　江苏增值税专用发票

3200173320　　**江苏增值税专用发票**　　№ 18057603　　3200173320 18057603

全国统一发票监制章 江苏 国家税务局监制

机器编号：499098669645　　开票日期：2018 年 12 月 20 日

购买方	名　　称：扬州市汽车修理厂 纳税人识别号：310113695827666P 地 址 、电 话：扬州市柏林路 133 号 开户行及账号：中国工商银行扬州市支行新城分理处 1108020209007456239	密码区	03 * 3187 <4/ + 8490 < + 95 - 59 + 7 <243 4987 <0— >> -6 >525 <693719 ->7 * 7 87 * 3187 <4/ + 8490 < + 95708681380 9 <712/ <1 + 9016 >6906 ++>84 >93/ -

货物或应税劳务、服务名称	规格型号	单位	数量	单价	金额	税率	税额
* 机床 * 车床		台	1	35 000.00	35 000.00	16%	5 600.00
合计					¥35 000.00		¥5 600.00
价税合计(大写)	⊗肆万零陆佰元整				(小写) ¥40 600.00		

销售方	名　　称：润扬机械股份有限公司 纳税人识别号：321812132062219T 地 址 、电 话：扬州市江洲路 101 号　87991530 开户行及账号：中国工商银行扬州市支行城东分理处 1108020209007654321	备注	润扬机械股份有限公司 913210024567810890 发票专用章

收款人：黄敏　　复核：吴洁　　开票人：罗静　　销售方：(章)

第一联 记账联 销售方记账凭证

表 12-13 C　江苏增值税专用发票

3200174711　　**江苏增值税专用发票**　　№ 29083660　　3200174711 29083660

全国统一发票监制章 江苏 国家税务局监制

机器编号：369098666389　　开票日期：2018 年 12 月 20 日

购买方	名　　称：润扬机械股份有限公司 纳税人识别号：321812132062219T 地 址 、电 话：扬州市江洲路 101 号 开户行及账号：中国工商银行扬州市支行城东分理处 1108020209007654321	密码区	03 * 3187 <4/ + 8490 < + 95 - 59 + 7 <243 4987 <0— >> -6 >525 <693719 ->7 * 7 87 * 3187 <4/ + 8490 < + 95708681380 9 <712/ <1 + 9016 >6906 ++>84 >93/ -

货物或应税劳务、服务名称	规格型号	单位	数量	单价	金额	税率	税额
* 运输服务 * 运费			1	200.00	200.00	10%	20.00
合计			现金付讫		¥200.00		¥20.00
价税合计(大写)	⊗贰佰贰拾元整				(小写) ¥220.00		

销售方	名　　称：扬州市金方园运输公司 纳税人识别号：310113695827666J 地 址 、电 话：扬州市柏林路 145 号 开户行及账号：市工行新城办 1108020209007456786	备注	扬州市金方园运输公司 913210145678108943 发票专用章

收款人：王二军　　复核：王苏　　开票人：李林　　销售方：(章)

第三联 发票联 购买方记账凭证

表 12-13 D　江苏增值税专用发票

3200174711　　江苏增值税专用发票　　№ 29083660　　3200174711 29083660

全国统一发票监制章 江苏 国家税务局监制

机器编号：369098666389　　　　开票日期：2018 年 12 月 20 日

购买方	名　　称：润扬机械股份有限公司 纳税人识别号：321812132062219T 地 址 、电 话：扬州市江洲路 101 号 开户行及账号：中国工商银行扬州市支行城东分理处　1108020209007654321				密码区	03 * 3187 <4/ +8490 < +95 -59 +7 <243 4987 <0—>> -6 >525 <693719 ->7 * 7 87 * 3187 <4/ +8490 < +95708681380 9 <712/ <1 +9016 >6906 ++>84 >93/ -		
货物或应税劳务、服务名称	规格型号	单位	数量	单价	金额	税率	税额	
*运输服务*运费			1	200.00	200.00	10%	20.00	
合计					¥200.00		¥20.00	
价税合计（大写）	⊗贰佰贰拾元整				（小写）¥220.00			
销售方	名　　称：扬州市金方园运输公司 纳税人识别号：310113695827666J 地 址 、电 话：扬州市柏林路 145 号 开户行及账号：市工行新城办 1108020209007456786				备注	扬州市金方园运输公司 913210145678108943 发票专用章		

收款人：王二军　　　复核：王苏　　　开票人：李林　　　销售方：（章）

第二联 抵扣联 购买方扣税凭证

表 12-13 E　网上银行电子回单

中国工商银行　　网上银行电子回单

电子回单号码：0021-2860-3302-8879　　　　打印日期：2018 年 12 月 20 日

付款人	户　名	扬州市汽车修理厂	收款人	户　名	润扬机械股份有限公司
	账　号	1108020209007456239		账　号	1108020209007650000
	开户银行	中国工商银行扬州市支行新城分理处		开户银行	中国工商银行扬州市支行城东分理处
金　额		¥ 40,600.00	金额（大写）		肆万零陆佰元整
摘　要		销售车床货款	业务（产品）种类		
用　途					
交易流水号		03452632	时间戳		2018-12-20-11.52.33.256689
中国工商银行 电子回单专用章		备注： 验证码：sdDFD/efbdC02328teMWS/23dSE4			

记账网点	20101	记账柜员	2	记账日期	2018 年 12 月 20 日

重要提示：

1. 如果您是收款方，请到工行网站 www.icbc.com.cn 电子回单验证处进行回单验证。2. 本回单不作为收款方发货依据，并请勿重复记账。3. 您可以选择发送邮件，将此电子回单发送给指定的接收人。

表 12-14　成交过户交割凭单

成交过户交割凭单

成交日期：2018 年 12 月 21 日　　　　　　　　买

股东编号：	A116529386(取)	成交证券：	润华股份
电脑编号：	4477	成交数量：	40 000(股)
公司代号：	059		
申请编号：	810	成交价格	25.00
申报时间：	09:35:48	成交金额：	1 000 000.00
成交时间：	10:46:58	标准佣金：	10 000.00
上次余额：	0(股)	过户费用：	1.00
本次成交：	40 000(股)	印花税：	10 000.00
本次余额：	40 000(股)	应收金额：	1 020 006.00
附加费用：	5.00	最终余额：	1 020 006.00
注：		实付金额：	1 020 006.00

经办单位：海通证券汶河营业部　　　　　　客户签章：润扬机械股份有限公司

客户联

表 12-15 A　江苏增值税专用发票

3200174711　　江苏增值税专用发票　　№ 29052478　　3200174711 29052478

（印章：全国统一发票监制章 江苏 国家税务局监制）

机器编号：369098666820　　　　　　开票日期：2018 年 12 月 22 日

购买方	名　　称：润扬机械股份有限公司 纳税人识别号：321812132062219T 地 址 、电 话：扬州市江洲路 101 号 开户行及账号：中国工商银行扬州市支行城东分理处　1108020209007654321			密码区	03 * 3187 <4/ + 8490 < + 95 − 59 + 7 <243 4987 <0— >> −6 >525 <693719 −>7 * 7 87 * 3187 <4/ + 8490 < + 95708681380 9 <712/ <1 + 9016 >6906 ++>84 >93/ −		
货物或应税劳务、服务名称	规格型号	单位	数量	单价	金额	税率	税额
*文化创意服务*广告费			1	200 000.00	200 000.00	6%	12 000.00
合计					¥200 000.00		¥12 000.00
价税合计(大写)	⊗贰拾壹万贰仟元整				(小写)¥212 000.00		
销售方	名　　称：扬州市金方园广告公司 纳税人识别号：32181213203306J 地 址 、电 话：扬州市花园路 180 号 开户行及账号：中国工商银行扬州市支行新城分理处 1108020209007456268			备注	（印章：扬州市金方园广告公司 913210135678252763 发票专用章）		

收款人：伍军　　　复核：李苏　　　开票人：王志林　　　销售方：(章)

第三联 发票联 购买方记账凭证

表 12-15 B　江苏增值税专用发票

3200174711　　江苏增值税专用发票　　№ 29052478　3200174711 29052478

全国统一发票监制章 江苏 国家税务局监制

机器编号：369098666820　　　　开票日期：2018 年 12 月 22 日

购买方	名　　称：润扬机械股份有限公司 纳税人识别号：321812132062219T 地 址 、电 话：扬州市江洲路 101 号 开户行及账号：中国工商银行扬州市支行城东分理处 1108020209007654321				密码区	03 * 3187 <4/ +8490 < +95 -59 +7 <243 4987 <0— >> -6 >525 <693719 ->7 * 7 87 * 3187 <4/ +8490 < +95708681380 9 <712/ <1 +9016 >6906 ++>84 >93/ -		
货物或应税劳务、服务名称	规格型号	单位	数量	单价	金额	税率	税额	
*文化创意服务*广告费			1	200 000.00	200 000.00	6%	12 000.00	
合计					¥200 000.00		¥12 000.00	
价税合计（大写）	⊗贰拾壹万贰仟元整			（小写）¥212 000.00				
销售方	名　　称：扬州市金方园广告公司 纳税人识别号：32181213203306J 地 址 、电 话：扬州市花园路 180 号 开户行及账号：中国工商银行扬州市支行新城分理处 1108020209007456268				备注	扬州市金方园广告公司 913210135678252763 发票专用章		

收款人：伍军　　复核：李苏　　开票人：王志林　　销售方：（章）

第二联　抵扣联　购买方扣税凭证

表 12-15 C　网上银行电子回单

中国工商银行　　网上银行电子回单

电子回单号码：0021-2860-3302-6710　　　　打印日期：2018 年 12 月 22 日

付款人	户　名	润扬机械股份有限公司	收款人	户　名	扬州市金方园广告公司
	账　号	1108020209007654321		账　号	1108020209007456268
	开户银行	中国工商银行扬州市支行城东分理处		开户银行	中国工商银行扬州市支行新城分理处
金　额		¥ 212,000.00	金额（大写）		贰拾壹万贰仟元整
摘　要		支付广告费	业务（产品）种类		
用　途					
交易流水号		03435900	时间戳		2018-12-22-09.25.22.237421
中国工商银行 电子回单专用章		备注： 验证码：sxDFD/efASC02338tSswr/68dMEM			

记账网点	20101	记账柜员	2	记账日期	2018 年 12 月 22 日

重要提示：

1. 如果您是收款方，请到工行网站 www.icbc.com.cn 电子回单验证处进行回单验证。2. 本回单不作为收款方发货依据，并请勿重复记账。3. 您可以选择发送邮件，将此电子回单发送给指定的接收人。

表 12-16 A　江苏增值税专用发票

3200173270　　**江苏增值税专用发票**　　№ 18057882　　3200173270 18057882

全国统一发票监制章 江苏 国家税务局监制

机器编号：499098689635　　　　开票日期：2018 年 12 月 24 日

购买方	名　　称：上海市虹桥物资公司 纳税人识别号：310113695829847H 地 址 、电 话：上海市虹桥路 344 号 开户行及账号：中国工商银行上海市分行虹桥分理处 310802020900745627			密码区	03 * 3187 <4/ +8490 < +95 –59 +7 <243 4987 <0— >> –6 >525 <693719 –>7 * 7 87 * 3187 <4/ +8490 < +95708681380 9 <712/ <1 +9016 >6906 ++>84 >93/ –			
货物或应税劳务、服务名称	规格型号	单位	数量	单价	金额	税率	税额	
*小型起重设备*A 产品		件	20 500	100.00	2 050 000.00	16%	328 000.00	
*交通运输设备*B 产品		件	6 000	75.00	450 000.00	16%	72 000.00	
合计					¥2 500 000.00		¥400 000.00	
价税合计(大写)	⊗贰佰玖拾万元整				(小写)¥2 900 000.00			
销售方	名　　称：润扬机械股份有限公司 纳税人识别号：321812132062219T 地 址 、电 话：扬州市江洲路 101 号　87991530 开户行及账号：中国工商银行扬州市支行城东分理处 110802020900 7654321			备注	润扬机械股份有限公司 913210024567810890 发票专用章			

收款人：黄敏　　　复核：吴洁　　　开票人：罗静　　　销售方：(章)

第一联　记账联　销售方记账凭证

表 12-16 B　电子银行承兑汇票

电子银行承兑汇票

出票日期：2018/03/24　　　　票据状态：

汇票到期日：2018/12/24　　　票据号码：130131200672220180908249285888

出票人	全称	上海市虹桥物资公司	收款人	全称	润扬机械股份有限公司
	账号	310802020900745627		账号	110802020900 7654321
	开户银行	中国工商银行上海市分行虹桥分理处		开户银行	中国工商银行扬州市支行城东分理处
出票保证信息	保证人名称：	保证人地址：		保证日期：	
票据金额	人民币(大写) 贰佰玖拾万元整	十 亿 千 百 十 万 千 百 十 元 角 分		¥ 2 9 0 0 0 0 0 0 0	
承兑人信息	全称	中国工商银行上海市分行虹桥分理处	开户行行号	301312006633	
	账号	0	开户行名称	中国工商银行上海市分行虹桥分理处	
交易合同号		承兑信息	出票人承诺：本汇票请予以承兑，到期无条件付款		
能否转让	可以转让		承兑人承兑：本汇票已经承兑，到期无条件付款 承兑日期：2018/12/24		
承总保证信息	保证人名称：	保证人地址：		保证日期：	
评级信息(由出票人、承兑人自己记载，仅供参考)	出票人	评级主体：	信用等级：	评级到期日：	
	承兑人	评级主体：	信用等级：	评级到期日：	

表 12-17 A　江苏增值税专用发票

3200174711　　江苏增值税专用发票　　№ 29082412　　3200174711 29082412

全国统一发票监制章 江苏 国家税务局监制

机器编号：369098666623　　　　开票日期：2018 年 12 月 27 日

购买方	名　　　称：润扬机械股份有限公司 纳税人识别号：321812132062219T 地 址 、电 话：扬州市江洲路 101 号 开户行及账号：中国工商银行扬州市支行城东分理处 110802020900765432 1	密码区	03 ∗ 3187 <4/ +8490 < +95 −59 +7 <243 4987 <0— >> −6 >525 <693719 −>7 ∗ 7 87 ∗ 3187 <4/ +8490 < +95708681380 9 <712/ <1 +9016 >6906 ++>84 >93/ −

货物或应税劳务、服务名称	规格型号	单位	数量	单价	金额	税率	税额
∗供电∗电费		千瓦时	450 000	2.00	900 000.00	16%	144 000.00
合计					¥900 000.00		¥144 000.00
价税合计(大写)	⊗壹佰零肆万肆仟元整				(小写)¥1 044 000.00		

销售方	名　　　称：国网扬州供电公司 纳税人识别号：310113695827888D 地 址 、电 话：江苏省扬州市维扬路 179 号　0514-87683179 开户行及账号：市工行新城办 110802020900745679 6	备注	国网扬州供电公司 913210045678109942 发票专用章

收款人：王二军　　复核：王苏　　开票人：李林　　销售方：(章)

第三联 发票联 购买方记账凭证

表 12-17 B　江苏增值税专用发票

3200174711　　江苏增值税专用发票　　№ 29082412　　3200174711 29082412

全国统一发票监制章 江苏 国家税务局监制

机器编号：369098666623　　　　开票日期：2018 年 12 月 27 日

购买方	名　　　称：润扬机械股份有限公司 纳税人识别号：321812132062219T 地 址 、电 话：扬州市江洲路 101 号 开户行及账号：中国工商银行扬州市支行城东分理处　110802020900765432 1	密码区	03 ∗ 3187 <4/ +8490 < +95 −59 +7 <243 4987 <0— >> −6 >525 <693719 −>7 ∗ 7 87 ∗ 3187 <4/ +8490 < +95708681380 9 <712/ <1 +9016 >6906 ++>84 >93/ −

货物或应税劳务、服务名称	规格型号	单位	数量	单价	金额	税率	税额
∗供电∗电费		千瓦时	450 000	2.00	900 000.00	16%	14 000.00
合计					¥900 000.00		¥144 000.00
价税合计(大写)	⊗壹佰零肆万肆仟元整				(小写)¥1 044 000.00		

销售方	名　　　称：国网扬州供电公司 纳税人识别号：310113695827888D 地 址 、电 话：江苏省扬州市维扬路 179 号　0514-87683179 开户行及账号：市工行新城办 110802020900745679 6	备注	国网扬州供电公司 913210045678109942 发票专用章

收款人：王二军　　复核：王苏　　开票人：李林　　销售方：(章)

第二联 抵扣联 购买方记账凭证

表 12-17 C　网上银行电子回单

中国工商银行　　网上银行电子回单

电子回单号码：0021-2860-3302-4789　　　　打印日期：2018 年 12 月 27 日

付款人	户　名	润扬机械股份有限公司	收款人	户　名	国网扬州供电公司
	账　号	1108020209007650000		账　号	1108020209007456796
	开户银行	中国工商银行扬州市支行城东分理处		开户银行	中国工商银行扬州市支行新城分理处
金　额		￥1,044,000.00	金额（大写）		壹佰零肆万肆仟元整
摘　要		支付生产车间电费	业务（产品）种类		
用　途					
交易流水号		03424668	时间戳		2018-12-27-11.52.33.256689
中国工商银行 电子回单专用章		备注： 验证码：sdDFD/efbdC02328teMWS/23dWQ4			
记账网点	20101	记账柜员	2	记账日期	2018 年 12 月 27 日

重要提示：

1. 如果您是收款方，请到工行网站 www.icbc.com.cn 电子回单验证处进行回单验证。2. 本回单不作为收款方发货依据，并请勿重复记账。3. 您可以选择发送邮件，将此电子回单发送给指定的接收人。

表 12-18　原材料发料汇总表

原材料发料汇总表

2018 年 03 月 31 日

项目	甲材料		乙材料		合　计	
	数量（kg）	计划成本	数量（kg）	计划成本	数量（kg）	计划成本
生产成本——A 产品	140 000	2 800 000	90 000	2 700 000	230 000	5 500 000
生产成本——B 产品	130 000	2 600 000	60 000	1 800 000	190 000	4 400 000
制造费用	2 000	40 000			2 000	40 000
管理费用			500	15 000	500	15 000
合计	272 000	5 440 000	150 500	4 515 000	422 500	9 955 000

表 12-19　发出材料成本差异计算表

发料汇总表

2018 年 12 月 31 日

项目	甲材料(差异率 -2%)		乙材料(差异率 0.4%)		合　计	
	计划成本	成本差异	计划成本	成本差异	计划成本	成本差异
生产成本——A 产品	2 800 000	-56 000	2 700 000	10 800	5 500 000	-45 200
生产成本——B 产品	2 600 000	-52 000	1 800 000	7 200	4 400 000	-44 800
制造费用	40 000	-800			40 000	-800
管理费用			15 000	60	15 000	60
合计	5 440 000	-108 800	4 515 000	18 060	9 955 000	-90 740

表 12-20 A　江苏增值税专用发票

3200173320　　江苏增值税专用发票　　№ 18057478　　3200173320 18057478

（全国统一发票监制章 江苏 国家税务局监制）

机器编号：499098669645　　开票日期：2018 年 12 月 31 日

购买方	名　　称：扬州市华扬公司 纳税人识别号：310113695889326Y 地 址 、电 话：扬州市华扬路 196 号 开户行及账号：中国工商银行扬州市支行新城分理处　1108020209007456789	密码区	03 * 3187 <4/ +8490 < +95 -59 +7 <243 4987 <0—>> -6 >525 <693719 ->7 * 7 87 * 3187 <4/ +8490 < +95708681380 9 <712/ <1 +9016 >6906 ++>84 >93/ -

货物或应税劳务、服务名称	规格型号	单位	数量	单价	金额	税率	税额
* 运输服务 * 运费					100 000.00	10%	10 000.00
合计					¥100 000.00		¥10 000.00
价税合计(大写)	⊗壹拾壹万元整				(小写)¥110 000.00		

销售方	名　　称：润扬机械股份有限公司 纳税人识别号：321812132062219T 地 址 、电 话：扬州市江洲路 101 号　87991530 开户行及账号：中国工商银行扬州市支行城东分理处　1108020209007654321	备注	（润扬机械股份有限公司 913210024567810890 发票专用章）

收款人：黄敏　　复核：吴洁　　开票人：罗静　　销售方：(章)

第一联　记账联　销售方记账凭证

表 12-20 B　网上银行电子回单

中国工商银行　　网上银行电子回单

电子回单号码：0021-2860-3302-4545　　　　打印日期：2018 年 12 月 31 日

付款人	户　名	扬州市华扬公司	收款人	户　名	润扬机械股份有限公司
	账　号	1108020209007456789		账　号	1108020209007650000
	开户银行	中国工商银行扬州市支行新城分理处		开户银行	中国工商银行扬州市支行城东分理处
金　额		¥ 110,000.00	金额(大写)		壹拾壹万元整
摘　要		收回运费款	业务(产品)种类		
用　途					
交易流水号		03452632	时间戳		2018-12-31-11.26.33.256689
中国工商银行 电子回单专用章		备注： 验证码：sdDFD/werdC02328teMWS/23dSE4			
记账网点	20101	记账柜员	2	记账日期	2018 年 12 月 31 日

重要提示：

1. 如果您是收款方，请到工行网站 www. icbc. com. cn 电子回单验证处进行回单验证。2. 本回单不作为收款方发货依据，并请勿重复记账。3. 您可以选择发送邮件，将此电子回单发送给指定的接收人。

表 12-21　职工薪酬分配表

职工薪酬分配表

2018 年 12 月 31 日

部门＼薪酬	工资总额	职工福利费(14%)	工会经费(2%)	职工教育经费(8%)	社会保险费(30%)	住房公积金(9%)	合计
基本生产车间—A 产品	50 000.00	7 000.00	1 000.00	4 000.00	15 000.00	4 500.00	81 500.00
基本生产车间—B 产品	42 484.00	5 947.76	849.68	3 398.72	12 745.20	3 823.56	69 248.92
基本生产车间管理部门	9 768.00	1 367.52	195.36	781.44	2 930.40	879.12	15 921.84
行政管理部门	9 140.00	1 279.60	182.80	731.20	2 742.00	822.60	14 898.20
运输部门	3 480.00	487.20	69.60	278.40	1 044.00	313.20	5 672.40
销售部门	2 540.00	355.60	50.80	203.20	762.00	228.60	4 140.20
医务福利部门	2 090.00	292.60	41.80	167.20	627.00	188.10	3 406.70
合计	119 502.00	16 730.28	2 390.04	9 560.16	35 850.60	10 755.18	194 788.26

表 12-22 A　工资结算汇总表

工资结算汇总表

2018 年 06 月 20 日

部门	项目	标准工资	考勤奖	津贴			缺勤工资		合理化建议奖	交通补助费	应付工资	代扣款项					实发工资
				副食补贴	回民补贴	夜班津贴	病假	事假				住房公积金（9%）	养老保险（8%）	医疗保险（2%）	失保金（0.5%）	小计	
铸造车间	生产工人	18 430	3 300	2 750	50		200	400	1 200	900	26 030	2 342.70	2 082.40	520.60	130.15	5 075.85	20 954.15
	管理人员	2 340	100	150			30	45	110	60	2 685	241.65	214.80	53.70	13.43	523.58	2 161.42
机加工车间	生产工人	19 560	4 000	2 840	60	220	140	360	1 400	1 200	28 780	2 590.20	2 302.40	575.60	143.90	5 612.10	23 167.90
	管理人员	3 100	240	260			20	40	160	90	3 790	341.10	303.20	75.80	18.59	739.05	3 050.95
金工车间	生产工人	14 270	2 500	2 100		320	150	320	1 030	620	20 370	1 833.30	1 629.60	407.40	101.85	3 972.15	16 397.85
	管理人员	2 100	160	135			10	30	90	46	2 491	224.19	199.28	49.82	12.46	485.75	2 005.25
装配车间	生产工人	5 560	640	430			30	70	210	124	6 864	617.76	549.12	137.28	34.32	1 338.48	5 525.52
	管理人员	700	35	46			5	6	20	12	802	72.18	64.16	16.04	4.01	156.39	645.61
机修车间	生产工人	6 400	1 500	430			140	300	760	370	9 020	811.80	721.60	180.40	45.10	1 758.90	7 261.10
	管理人员	1 200	90	75			15	20	60	30	1 420	127.80	113.60	28.40	7.10	276.90	1 143.10
厂部		6 680	1 020	840	40		100	150	540	270	9 140	822.60	731.20	182.80	45.70	1 782.31	7 357.70
医务福利部门		1 840	120	100			20	40	60	30	2 090	188.10	167.20	41.80	10.45	407.55	1 682.45
销售机构		2 000	300	150					70	20	2 540	228.60	203.20	50.80	12.70	495.30	2 044.70
运输队		3 000	200	180			10		80	30	3 480	313.20	278.40	69.60	17.40	678.60	2 801.40
合计		87 180	14 205	10 486	150	540	870	1 781	5 790	3 802	119 502	10 755.18	9 560.16	2 390.04	597.52	23 302.90	96 199.10

表 12-22 B　网上银行电子回单

中国工商银行　　网上银行电子回单(补打)

电子回单号码:0021-2860-3302-1200　　　　打印日期:2018 年 12 月 31 日

付款人	户　名	润扬机械股份有限公司	收款人	户　名	润扬机械股份有限公司
	账　号	1108020209007654321		账　号	1108020209007456331
	开户银行	中国工商银行扬州市支行城东分理处		开户银行	中国工商银行扬州市支行城东分理处
金　额		¥ 96,199.10	金额(大写)		玖万陆仟壹佰玖拾玖元壹角整
摘　要		工资	业务(产品)种类		
用　途					
交易流水号		03435978	时间戳		2018-12-31-15. 25. 22. 237421
中国工商银行 电子回单 专用章		备注:			
		验证码:sxDFD/efASC02458tSswr/68dMEM			
记账网点	20101	记账柜员	2	记账日期	2018 年 12 月 31 日

重要提示:

1. 如果您是收款方,请到工行网站 www. icbc. com. cn 电子回单验证处进行回单验证。2. 本回单不作为收款方发货依据,并请勿重复记账。3. 您可以选择发送邮件,将此电子回单发送给指定的接收人。

表 12-23　固定资产折旧计提表

固定资产折旧计提表

2018 年 12 月 31 日

部门	固定资产类别	固定资产原值	月折旧率(‰)	月折旧额(元)	
基本生产车间	铸造车间	房屋	665 000.00	4	
		设备	1 800 000.00	6	
		小计			
	机加工车间	房屋	387 600.00	4	
		设备	1 500 000.00	6	
		小计			
	金工车间	房屋	75 000.00	4	
		设备	80 000.00	6	
		小计			
	装配车间	房屋	629 500.00	4	
		设备	800 000.00	6	
		小计			
运输队		房屋	113 000.00	4	
		设备	250 000.00	6	
		小计			
管理部门		房屋	900 000.00	4	
		办公设备	12 000.00	6	
		运输用具	140 000.00	6	
		小计			
总　计					

表 12-24　制造费用分配表

制造费用分配表

2018 年 12 月 31 日

产品名称	分配标准(生产工人工资)	分配率(保留四位小数)	分配金额
A 产品			
B 产品			
合计			

会计主管：张康　　　　复核（签章）：吴洁　　　　制表(签)：姚远

表 12-25　完工产品成本计算表

完工产品成本计算表

2018 年 12 月 31 日

成本项目	A 产品(100 000 件)		B 产品(110 000 件)	
	总成本	单位成本	总成本	单位成本
直接材料				
直接人工				
制造费用				
合计				

注：期末没有在产品，本期生产的产品全部完工入库，单位成本保留 2 位小数。

会计主管：张康　　　　复核(签章)：吴洁　　　　制表(签章)：姚远

表 12-26　无形资产摊销计算表

无形资产摊销计算表

2018 年 12 月 31 日

无形资产名称	原值	使用年限	本月摊销额
特许使用权	150 000.00	10	
专有技术	500 000.00	10	
合计			

表 12-27 A　利息费用计算表

利息费用计算表

2018 年 12 月 31 日

借款种类	会计科目		本金	利率	计算过程	金额
	总账科目	明细账科目				
短期借款	财务费用	利息支出	2 560 000.00	6%		
长期借款	在建工程	利息支出	17 000 000.00	7.20%		

会计主管：张康　　　　复核(签章)：吴洁　　　　制表(签章)：姚远

表 12-27 B　客户借记回单

中国工商银行　　客户借记回单

客户借记回单号码：0021-2860-3402-8796　　　　打印日期：2018 年 12 月 31 日

付款人	户　名	润扬机械股份有限公司	收款人	户　名	本行
	账　号	1108020209007654321		账　号	
	开户银行	中国工商银行扬州市支行城东分理处		开户银行	
金　额		￥ 1,032,800.00	金额（大写）		壹佰零叁万贰仟捌佰元整
摘　要		支付利息	业务（产品）种类		转账支出
用　途					
交易流水号		06446012	时间戳		2018-12-31-10.35.22.237356
中国工商银行 电子回单 专用章		备注： 验证码：sxDFD/swqSC03378tSswr/65dCDE			

记账网点	20101	记账柜员	2	记账日期	2018 年 12 月 31 日

表 12-28 A　产品出库单

产品出库单　　No 1211001

提货部门　销售部　　　　2018 年 12 月 01 日

产品			单位	数量	单价	成本总额								产品明细账		说明
编号	名称	规格				十	万	千	百	十	元	角	分	号	页	
	A产品		件	21 000												
	B产品		件	12 000												

第三联　会计

部门主管　　会计　　记账　　保管　刘伟　　提货人　王常富　　制单　张一天

表 12-28 B　产品出库单

产品出库单　　No 1211002

提货部门　销售部　　　　2018 年 12 月 18 日

产品			单位	数量	单价	成本总额								产品明细账		说明
编号	名称	规格				十	万	千	百	十	元	角	分	号	页	
	A产品		件	61 000												
	B产品		件	12 000												

第三联　会计

部门主管　　会计　　记账　　保管 刘伟　　提货人 王常富　　制单 张一天

表 12-28 C　产品出库单

产品出库单　　No 1211003

提货部门　销售部　　　　2018 年 12 月 24 日

产品			单位	数量	单价	成本总额								产品明细账		说明
编号	名称	规格				十	万	千	百	十	元	角	分	号	页	
	A产品		件	20 500												
	B产品		件	6 000												

第三联　会计

部门主管　　会计　　记账　　保管 刘伟　　提货人 王常富　　制单 张一天

表 12-28 D　产成品收、发、存月报表

产成品收、发、存月报表

2018 年 12 月 31 日

产品名称	计量单位	期初余额			本期完工			本期销售			期末余额		
		数量	单位成本	金额	数量	单位成本	金额	数量	单位成本	金额	数量	单位成本	金额
A 产品	件	190 000	60.00		100 000	60.7							
B 产品	件	195 740	44.00		110 000	44.34							
合计													

（单位成本采用全月一次加权平均法，保留小数点后两位，因小数点保留引起的误差计入已销产品成本）

表 12-29 A　印花税计算表

印花税计算表

2018 年 12 月 31 日

应税凭证	税款所属期	按实征收	核定征收		适用税率	本期应纳税额	减免税额	本期已缴税额	滞纳金	本期应补（退）税额
		计税金额或件数	核定依据金额	核定比例						
		1	2	3	4	5 = 1 × 4 或 2 × 3 × 4	6	7	8	9 = 5 − 6 − 7 + 8
购销合同	2018 年 10 月	12 500 000.00			0.03%	3 750.00				3 750.00
加工承揽合同	2018 年 10 月				0.05%					
建设工程勘察设计合同	2018 年 10 月				0.05%					
建筑安装工程承包合同	2018 年 10 月				0.03%					
财产租赁合同	2018 年 10 月				0.10%					
货物运输合同	2018 年 10 月	100 000			0.05%	50.00				50.00
仓储保管合同	2018 年 10 月				0.10%					
借款合同	2018 年 10 月				0.005%					
财产保险合同	2018 年 10 月				0.10%					
技术合同	2018 年 10 月				0.03%					
产权转移书据	2018 年 10 月				0.05%					
营业账簿（记载资金的账簿）	2018 年 10 月				0.05%					
营业账簿（其他账簿）	2018 年 10 月				5					
权利、许可证照	2018 年 10 月				5					
合计					—	3 800.00				3 800.00

会计主管：张康　　　　复核（签章）：吴洁　　　　制表（签章）：姚远

中华人民共和国
电子缴税(费)凭证

打印日期:2018－12－31　　　　　　　　　　　　税 10201831845018

纳税人代码	321812132062219			主管税务机关	国家税务总局扬州市广陵税务局				
纳税人全称	润扬机械股份有限公司			开户银行	中国工商银行扬州市支行城东分理处				
缴款人名称	润扬机械股份有限公司			银行账号	1108020209007654321				
社保代码									
电子缴款书号	征收项目名称	征收品目名称	征收子目名称	所属时间	实缴金额	缴款日期	税款属性	国库	备注
321018030000096637	印花税			2018－12－01 至 2018－12－31	3 800.00	2018－12－31	一般申报	国家金库广陵区支库	
金额合计	叁仟捌佰元整				￥3 800.00				
注：1. 本缴款凭证仅作为纳税人记账核算凭证使用电子缴税的，需与银行对账单电子划缴记录核对一致方有效。纳税人如需汇总开具正式完税证明，请凭税务登记证或身份证明到主管税务机关开具。 2. 打印此票的次日以后，方可到税务部门换开正式完税凭证。				国家税务总局江苏省税务局（套印）电子缴费专用章					

表 12-29 C　电子缴税付款凭证

中国工商银行　　电子缴税付款凭证

转账日期:2018 年 12 月 31 日　　　　　　　　凭证字号：2018103155027589

纳税人全称及纳税人识别号：润扬机械股份有限公司　321812132062219T

付款人全称：润扬机械股份有限公司　　　　征收机关名称：国家税务总局扬州市广陵区国税局

付款人账号：1108020209007654321　　　　收款国库(银行)名称：国家金库广陵区支库

付款人开户银行：中国工商银行扬州市支行城东分理处　　缴款书交易流水号：5508879

小写(合计)金额：¥3 800.00

大写(合计)金额：人民币叁仟捌佰元整　　　　税票号码：321018031000092237

税(费)种名称	所属日期	实缴金额
印花税	2018-12-01 至 2018-12-31	3 800.00

中国工商银行扬州市支行城东分理处
2018.12.31
收讫
(2)

第 1 次打印　　地区号　0514　　　　[打印时间]　2018 年 12 月 31 日

第二联　作付款回单(无银行收讫章无效)　　复核：张林　　记账：李云　　柜台号 02010

表 12-30　增值税计算表

增值税计算表

2018 年 12 月 31 日

项　目		栏次	金额
税款计算	销项税额	1	2 015 680.00
	进项税额	2	583 925.00
	上期留抵税额	3	
	进项税额转出	4	
	免、抵、退应退税额	5	
	按适有税率计算的纳税检查应补缴税额	6	
	应抵扣税额合计	7 = 2 + 3 − 4 − 5 + 6	583 925.00
	实际抵扣税额	8(如 7 < 1,则为 7,否则为 1)	583 925.00
	应纳税额	9 = 1 − 8	1 431 755.00
	期末留抵税额	10 = 7 − 8	
	简易计税办法计算的应纳税额	11	
	按简易计税办法计算的纳税检查应补缴税额	12	
	应纳税额减征额	13	
	应纳税额合计	14 = 9 + 11 − 13	1 431 755.00
税款缴纳	期初未缴税额(多缴为负数)	15	74 590.00
	实收出口开具专用缴款书退税额	16	
	本期已缴税额	17 = 18 + 9 + 20 + 21	74 590.00
	① 分次预缴税额	18	
	② 出口开具专用缴款书预缴税额	19	
	③ 本期缴纳上期应纳税额	20	74 590.00
	④ 本期缴纳欠缴税额	21	
	期末未缴税额(多缴为负数)	22 = 14 + 15 + 16 − 17	1 431 755.00
	其中:欠缴税额(≥0)	13 = 15 + 16 − 17	
	本期应补(退)税额	24 = 14 − 18 − 19	
	即征即退实际退税额	25	
	期初未缴查补税额	26	
	本期入库查补税额	27	
	期末未缴查补税额	28 = 6 + 12 + 26 − 27	

表 12-31　城建税、教育费附加、地方教育附加税（费）计算表

城建税、教育费附加、地方教育附加税（费）计算表

2018 年 12 月 31 日

税（费）种	税款所属期限	计税（费）依据				税率（征收率）	本期应纳税（费）额
		增值税		消费税	合计		
		一般增值税	免抵税额				
		1	2	3	4 = 1 + 2 + 3	5	6 = 4 × 5
城建税	自 2018 年 12 月 01 日至 2018 年 12 月 31 日	1 431 755.00			1 431 755.00	7%	100 222.85
教育费附加	自 2018 年 12 月 01 日至 2018 年 12 月 31 日	1 431 755.00			364 000.00	3%	10 920
地方教育附加	自 2018 年 12 月 01 日至 2018 年 12 月 31 日	1 431 755.00			364 000.00	2%	7 280
合计		—				—	118 422.85

会计主管：张康　　　　复核（签章）：吴洁　　　　制表（签章）：姚远

表 12-32　损益类账户本期发生额汇总表

损益类账户本期发生额汇总表

2018 年 12 月

收入类账户	本月发生额	支出类账户	本月发生额
主营业务收入	12 500 000.00	主营业务成本	7 499 890.36
其他业务收入	100 000.00	其他业务成本	7 624.40
投资收益	574 588.00	税金及附加	122 222.85
		销售费用	204 140.20
资产处置损益	-6 750.00	管理费用	40 179.47
营业外收入		财务费用	12 800.00
		资产减值损失	
		营业外支出	
合计	13 167 838.00		7 886 857.28

会计主管：张康　　　　复核（签章）：吴洁　　　　制表（签章）：姚远

表 12-33 A　2018 年 1—11 月结账前损益类账户累计余额

2018 年 1—11 月结账前损益类账户累计余额

科目名称	借或贷	1—11 月结账前累计余额
主营业务收入	贷	127 450 000.00
其他业务收入	贷	980 000.00
公允价值变动损益	贷	2 100 000.00
投资收益	贷	7 620 468.00
资产处置损益	贷	26 000.00
营业外收入	贷	15 000.00
主营业务成本	借	82 000 000.00
其他业务成本	借	6 800 000.00
税金及附加	借	1 200 000.00
销售费用	借	2 220 000.00
管理费用	借	1 440 000.00
财务费用	借	1 140 000.00
营业外支出	借	5 448.72

表 12-33 B　企业所得税费用计算表

企业所得税费用计算表

2018 年 12 月 31 日

项目	金额
利润总额	
纳税调整增加额	0
纳税调整减少额	0
应纳税所得额	
适用税率(25%)	
应纳所得税额	

表 12-34　损益类账户本期发生额汇总表

损益类账户本期发生额汇总表

2018 年 12 月

收入类账户	本月发生额	支出类账户	本月发生额
		所得税费用	
合计		合计	

会计主管：张康　　复核(签章)：吴洁　　制表(签章)：姚远

附件一

常用会计科目表

编号	会计科目	编号	会计科目
	一、资产类	1701	无形资产
1001	库存现金	1702	累计摊销
1002	银行存款	1703	无形资产减值准备
1012	其他货币资金	1801	长期待摊费用
1101	交易性金融资产	1901	待处理财产损益
1121	应收票据		二、负债类
1122	应收账款	2001	短期借款
1123	预付账款	2201	应付票据
1131	应收股利	2202	应付账款
1221	其他应收款	2203	预收账款
1231	坏账准备	2211	应付职工薪酬
1401	材料采购	2221	应交税费
1402	在途物资	2231	应付利息
1403	原材料	2232	应付股利
1404	材料成本差异	2241	其他应付款
1405	库存商品	2501	长期借款
1411	周转材料	2502	应付债券
1471	存货跌价准备	2701	长期应付款
1501	债权投资	2801	预计负债
1502	债权投资减值准备	2901	递延收益
1511	长期股权投资		三、共同类(略)
1512	长期股权投资减值准备		四、所有者权益类
1601	固定资产	4001	实收资本
1602	累计折旧	4002	资本公积
1603	固定资产减值准备	4003	其他综合收益
1604	在建工程	4101	盈余公积
1606	固定资产清理	4103	本年利润

续表

编号	会计科目	编号	会计科目
4104	利润分配	6301	营业外收入
	五、成本类	6401	主营业务成本
5001	生产成本	6402	其他业务成本
5101	制造费用	6403	税金及附加
	六、损益类	6601	销售费用
6001	主营业务收入	6602	管理费用
6051	其他业务收入	6603	财务费用
6101	公允价值变动损益	6701	资产减值损失
6111	投资利益	6711	营业外支出
6115	资产处置损益	6801	所得税费用

附件二

空白凭证、账页及会计报表格式

以下凭证及账页根据需要复印，也可登录江苏大学出版社“资源下载”—“教学资源”—“《中级财务会计实验教程》的答案和附录”下载打印。

记账凭证

年　月　日

字　　号

摘　要	会计科目		借方金额	贷方金额	记账
	总账科目	明细科目			
附件　　张	合　　计				

科目汇总表

年　月　日至　　年　月　日

会计科目	本期发生额		总账页数	记账凭证起讫号数
	借 方	贷 方		

库存现金日记账

年		凭证		摘要	对方科目	√	借方	贷方	借贷	余额
月	日	种类	号数							

银行存款日记账格式同库存现金日记账(略)。

总分类账

年		凭证		摘要	借方	贷方	借或贷	余额
月	日	种类	号数					

原材料明细账

类别：　　　　品名：　　　　编号：　　　　规格：　　　　单位：

年		凭证		摘要	借方			贷方			余额		
月	日	种类	号数		数量	单价	金额	数量	单价	金额	数量	单价	金额

生产成本明细账

产品名称：

年		凭证		摘要	借方(项目)			余额
月	日	种类	号数					

资产负债表

会企 01 表

编制单位：　　　　　　　　年　月　日　　　　　　　　单位:元

资　　产	期末余额	年初余额	负债和所有者权益(或股东权益)	期末余额	年初余额
流动资产:			流动负债:		
货币资金			短期借款		
交易性金融资产			交易性金融负债		
衍生金融资产			衍生金融负债		
应收票据及应收账款			应付票据及应付账款		
预付款项			预收款项		
其他应收款			合同负债		
存货			应付职工薪酬		
合同资产			应交税费		
持有待售资产			其他应付款		
一年内到期的非流动资产			持有待售负债		
其他流动资产			一年内到期的非流动负债		
流动资产合计			其他流动负债		
非流动资产:			流动负债合计		
债权投资			非流动负债:		
其他债权投资			长期借款		
长期应收款			应付债券		
长期股权投资			其中: 优先股		
其他权益工具投资			永续债		
其他非流动金融资产			长期应付款		
投资性房地产			预计负债		
固定资产			递延收益		
在建工程			递延所得税负债		
生产性生物资产			其他非流动负债		
油气资产			非流动负债合计		
无形资产			负债合计		
开发支出			所有者权益(或股东权益):		
商誉			实收资本(或股本)		
长期待摊费用			其他权益工具		
递延所得税资产			其中: 优先股		
其他非流动资产			永续债		
非流动资产合计			资本公积		
			减: 库存股		
			其他综合收益		
			盈余公积		
			未分配利润		
			所有者权益(或股东权益)合计		
资产总计			负债和所有者权益(或股东权益)总计		

利 润 表

会企 02 表

编制单位：　　　　　　　　　　____年____月　　　　　　　　　　单位：元

项　　目	本期金额	上期金额
一、营业收入		
减：营业成本		
税金及附加		
销售费用		
管理费用		
研发费用		
财务费用		
其中：利息费用		
利息收入		
资产减值损失		
信用减值损失		
加：其他收益		
投资收益（损失以“－”号填列）		
其中：对联营企业和合营企业的投资收益		
净敞口套期收益（损失以“－”号填列）		
公允价值变动收益（损失以“－”号填列）		
资产处置收益（损失以“－”号填列）		
二、营业利润（亏损以“－”号填列）		
加：营业外收入		
减：营业外支出		
三、利润总额（亏损总额以“－”号填列）		
减：所得税费用		
四、净利润（净亏损以“－”号填列）		
（一）持续经营净利润（净亏损以“－”号填列）		
（二）终止经营净利润（净亏损以“－”号填列）		
五、其他综合收益的税后净额		
（一）不能重分类进损益的其他综合收益		
1. 重新计量设定受益计划变动额		

续表

项　　目	本期金额	上期金额
2. 权益法下不能转损益的其他综合收益		
3. 其他权益工具投资公允价值变动		
4. 企业自身信用风险公允价值变动		
……		
（二）将重分类进损益的其他综合收益		
1. 权益法下可转损益的其他综合收益		
2. 其他债权投资公允价值变动		
3. 金融资产重分类计入其他综合收益的金额		
4. 其他债权投资信用减值准备		
5. 现金流量套期储备		
6. 外币财务报表折算差额		
……		
六、综合收益总额		
七、每股收益		
（一）基本每股收益		
（二）稀释每股收益		